VOICE WORKS
VOICE STRIKES

Kerstin Honeit

VOICE WORKS
VOICE STRIKES

Herausgegeben von / Edited by
Kerstin Honeit, Fiona McGovern

Mit Beiträgen von / With contributions by
Dela Dabulamanzi, Kerstin Honeit, Benjamin Liberatore,
Yasmine Modestine, Marc Siegel

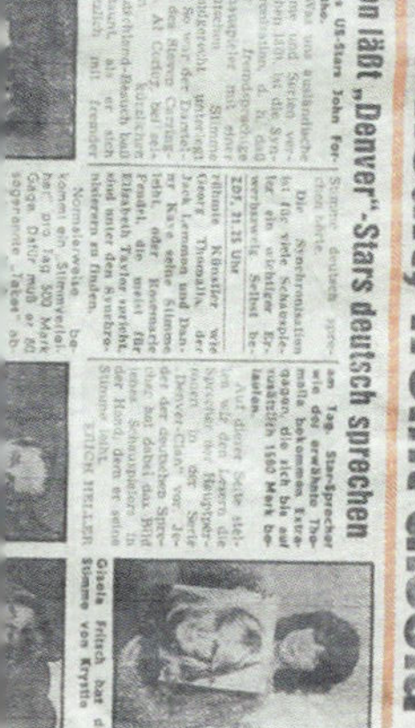

Wenn Krystle heult, weint Gisela

Synchronisation läßt „Denver"-Stars deutsch sprechen

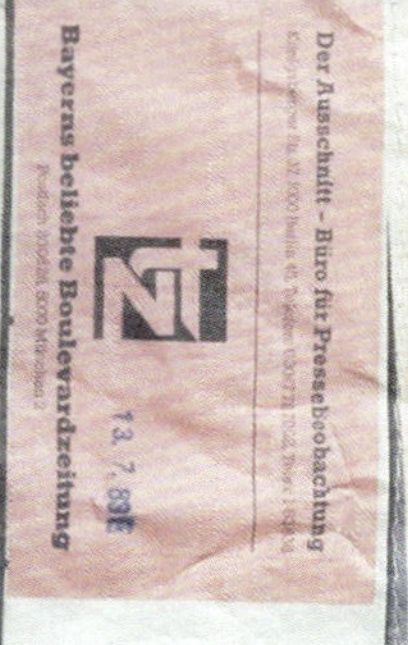

Sie synchronisiert Joan Collins und schlüpft oft in ihre berühmte Rolle

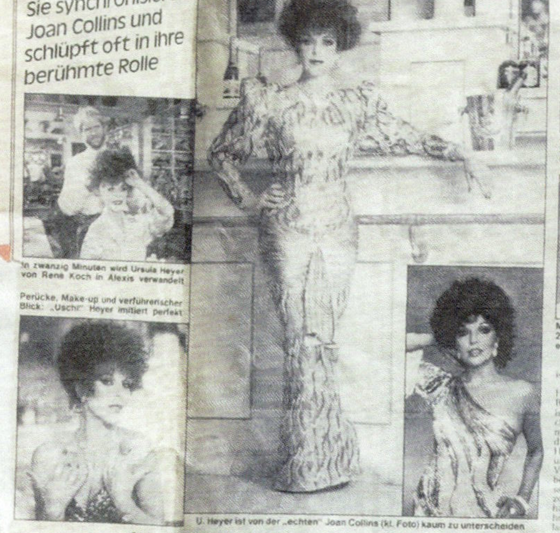

Verblüffend, wie aus der deutschen Schauspielerin Ursula Heyer das „Denver"-Biest Alexis wird

Sie leiht dem „Denver"-Biest Alexis nicht nur ihre deutsche Synchronstimme, sie spielt die intrigante Serien-Schöne als leibhaftige Kopie auch bei Galaabenden, Modeschauen oder Betriebsfeiern zwischen Kiel und Kufstein. Ursula Heyer, am Sonntag im ZDF-Film „Lang soll er leben" zu sehen, verdankt der Alexis einen vergnüglichen wie einträglichen Nebenjob.

In Original-Kostümen aus dem Denver-Clan", mit Perücke, Make-up und werkstätterischem Augenaufschlag [...] das berühmte Vorbild, parodiert die Berliner Schauspielerin das Biest. Als Kabarettnummer erster Klasse, an der nicht nur das Publikum, sondern auch sie selbst großen Spaß hat.

Sonst ist Ursula Heyer sozusagen hauptberuflich eine überaus vielseitige Künstlerin, volkstümlich in Serien wie „Drei Damen vom Grill" oder „Ein Heim für Tiere" oder dramatisch letztes Jahr in „Die Fräulein von damals" mit Horst Buchholz, oder was im Fernsehspiel „Lebenswandel", wo sie den Weg einer Arbeiterwitwe zur Bordellkönigin nachzeichnet. Auch als Synchronsprecherin, neben „Denver" ist sie oft zu hören, zum Beispiel als deutsche Stimme von Claudia Cardinale. Aber Synchronstimmen sind Talente im Dunkeln. Sie werden selten berühmt.

„Uschi" Heyer wurde es. Mit dem „Denver-Clan" – und dank dem prominenten Berliner Coiffeur und Gesichtsbildner René Koch. Er ist es, der sie überall hin begleitet und sie vor jedem Auftritt zur „Alexis" formt. Koch: „Am Anfang brauchte ich zur Verwandlung noch fast vier Stunden. Heute schaffe ich das in zwanzig Minuten." Aber Die Maske allein macht's nicht. Wenn „Uschi" im „Alexis"-Look ins Scheinwerferlicht schreitet, dann herrscht im Saal zunächst staunende Stille. Erst wenn sie mit arrogantem Tonfall ein fiktives Telefongespräch mit „Hallo Blake" beginnt, wenn sie über Ölpreise fallende Aktien oder die „Silberpuppe Krystle" spottet, dröhnt der Jubel. Die Überraschung [...]

Ulrich Hausmann

Die Berliner, die den Denver-Stars die Stimme geben

Wenn's um Geld und Öl geht, um Liebe, Haß und Leidenschaft, dann haben die vier Frauen und zwei Männer den Clan fest in der Hand

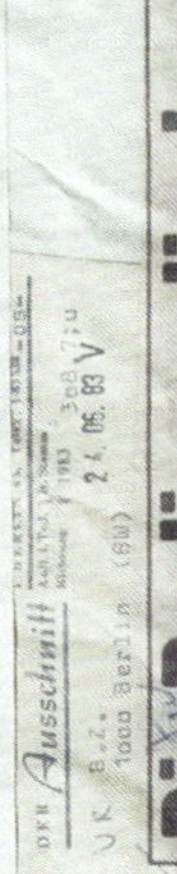

Nanu! Ist Denver-Star Joan Collins plötzlich in Berlin?

Verblüffung am letzten Tag der [Funkaus]stellung – zum Start der [...] Woche Dallas gegen Denver von der dunkelhaarigen Den[ver-] [...] gramme haben. Niemand [ahnte], daß es die rotblonde Berline[rin] und deutsche Denver-S[timme] Heyer war! Warum sie w[...] aussah, warum sie sich v[...] fotografieren ließ – das verr[ät...]

Berlin, 12. September

Die Verblüffung war perfekt am letzten Tag der Funkausstellung: Nanu – ist Denver-Star Joan Collins plötzlich in Berlin! Autogrammjäger bestürmten die dunkelhaarige Frau: Bitte, bitte, schreiben sie was in mein Buch! Doch Joan Collins lächelte nur.

Erst nach ihrem Auftritt in der „NDR-Talkshow" gab es Autogramme – von der 43jährigen Berliner Schauspielerin Ursula Heyer. Sie ist die deutsche Stimme des Denver-Stars, sie hatte sich wie Joan Collins zurechtmachen lassen.

Eine gelungene Überraschung für die beste Duellwoche Denver gegen Dallas. Denn am Dienstag startet Dallas mit den neuesten Folgen, muß sich gegen die Denver-Konkurrenz in ZDF behaupten.

Im Gegensatz zu Joan Collins ist Ursula Heyer rotblond. Die Verwandlung gelang dem 40jährigen Berliner Visagisten René Koch, zusammen mit dem Friseur Paul Weinand.

Die beiden sorgten dafür, daß Ursula in den Posen fotografiert wurde, in denen man Joan Collins von vielen Aufnahmen her kennt.

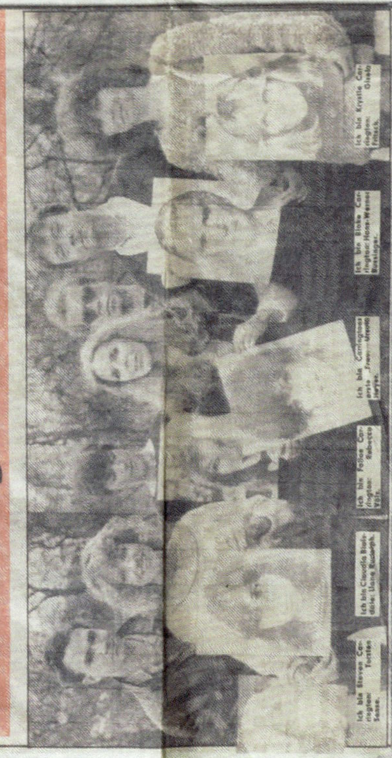

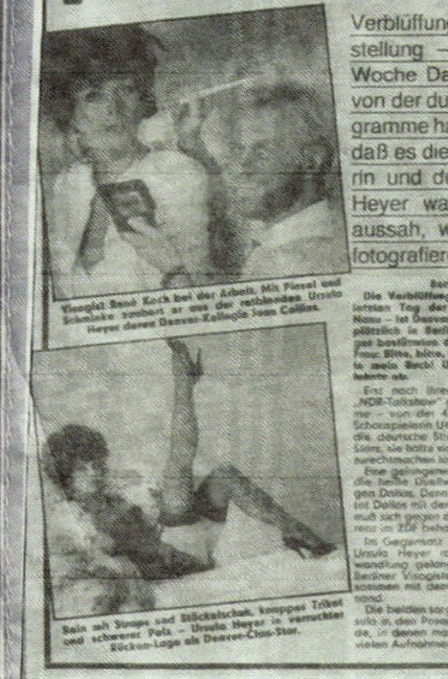

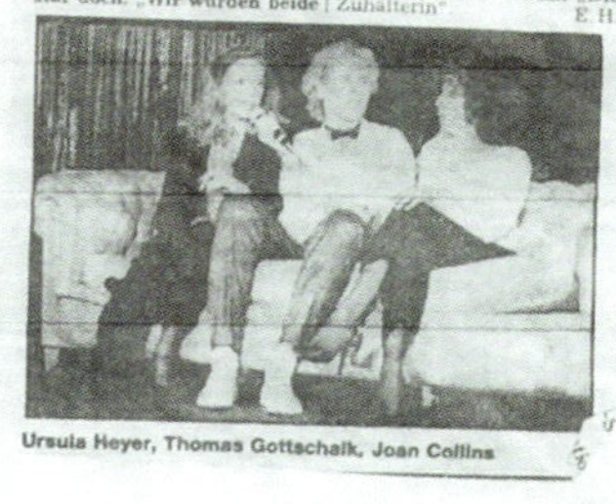

Alexis traf ihre Stimme

Ursula Heyer und Joan Collins begegneten sich in Mainz

[...] war, als hätte ich eine alte Freundin getroffen", sagt Schauspielerin Ursula Heyer. Seit Beginn der US-Serie „Der Denver-Clan" leiht Ursula ihre Stimme der Darstellerin des Biestes Alexis, der schönen Joan Collins. Und nun begegneten sich die beiden Damen erstmals. „Joan war zauberhaft und sah phantastisch aus", schwärmt Frau Heyer.

Die Berlinerin, Ehefrau des Synchron-Papstes Rainer Brandt und Mutter zweier Kinder, war Gast bei einer Werbeveranstaltung in der Rheingoldhalle in Mainz, wo Thomas Gottschalk den 2000 geladenen Gästen ein buntes Programm präsentierte. „Es war zwar die Rede davon, daß Joan Collins kommen sollte", erzählt Ursula Heyer, „doch so richtig hat niemand daran geglaubt".

Und dann kam der Superstar doch. „Wir wurden beide [...] auf der Bühne einander gegenübergestellt. [...] erzählt, welche [...] in der Denver-Serie [...] Joan fiel mir [...] den Hals und [...] spontan einen g[roßen Blu]menstrauß."

Ursula Heyer, d[ie] ein großer Theater[star ist], mit ihrer Stimme [...] Denver-Erfolg be[teiligt], die von ihrem Visa[gisten René] Koch sehr oft auch [...] den Hollywoodstar [...] macht wird, syn[chronisiert] derzeit in München [...] an Collins für den [Film „Die] Zuhälterin".

E. H.

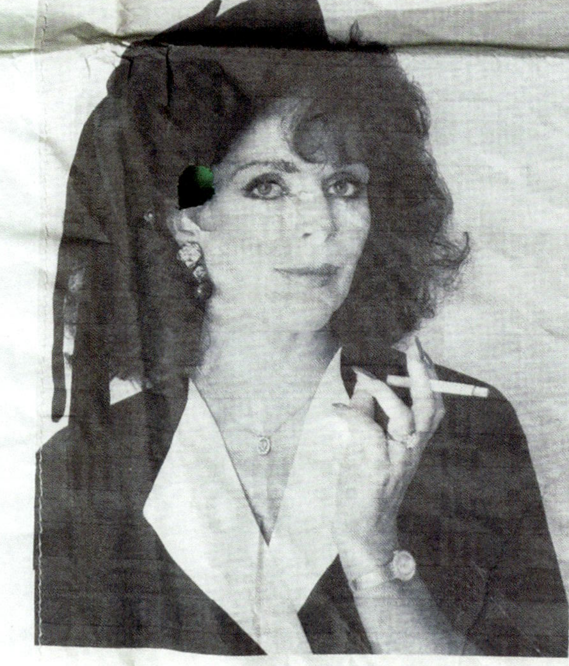

Ursula Heyer, Thomas Gottschalk, Joan Collins

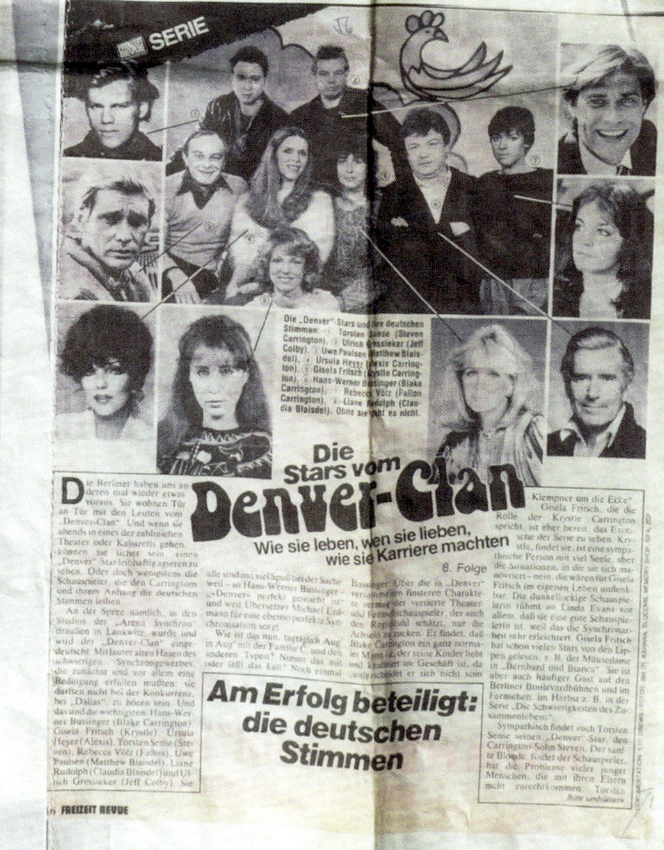

SERIE

Die „Denver"-Stars und ihre deutschen Stimmen: 1 Torsten Sense (Steven Carrington), 2 Ulrich Gressieker (Jeff Colby), 3 Uwe Paulsen (Matthew Blaisdell), 4 Ursula Heyer (Alexis Carrington), 5 Gisela Fritsch (Krystle Carrington), 6 Hans-Werner Bussinger (Blake Carrington), 7 Rebecca Völz (Fallon Carrington), 8 Liane Rudolph (Claudia Blaisdell). Ohne sie geht es nicht.

Die Stars vom Denver-Clan

Wie sie leben, wen sie lieben, wie sie Karriere machten

8. Folge

Die Berliner haben uns anderen mal wieder etwas voraus. Sie wohnen Tür an Tür mit den Leuten vom „Denver-Clan". Und wenn sie abends in eines der zahlreichen Theater oder Kabaretts gehen, können sie sicher sein, einen „Denver"-Star leibhaftig agieren zu sehen. Oder doch wenigstens die Schauspieler, die den Carringtons und ihrem Anhang die deutschen Stimmen leihen.

An der Spree nämlich, in den Studios der „Arena Synchron" draußen in Lankwitz, wurde und wird der „Denver-Clan" eingedeutscht. Mit lauter alten Hasen des schwierigen Synchrongewerbes, die zunächst und vor allem eine Bedingung erfüllen mußten: sie durften nicht bei der Konkurrenz, „Dallas", zu hören sein. Und die wichtigsten: Hans-Werner Bussinger (Blake Carrington), Gisela Fritsch (Krystle), Ursula Heyer (Alexis), Torsten Sense (Steven), Rebecca Völz (Fallon), Uwe Paulsen (Matthew Blaisdell), Liane Rudolph (Claudia Blaisdell) und Ulrich Gressieker (Jeff Colby). Sie alle sind mit viel Spaß bei der Sache, weil – so Hans-Werner Bussinger – „Denver" perfekt gemacht ist und weil Übersetzer Michael Erdmann für eine ebenso perfekte Synchronisation sorgt.

Wie ist das nun, tagtäglich „Aug in Aug" mit der Familie C und den anderen Typen? Nimmt das mit oder läßt das kalt? Noch einmal Bussinger: Über die in „Denver" versammelten finsteren Charaktere vermag der versierte Theater- und Fernsehschauspieler, der auch den Regiestuhl schätzt, nur die Achsel zu zucken. Er findet, daß Blake Carrington ein ganz normaler Mann ist, der seine Kinder liebt und knallhart im Geschäft ist, da unterscheidet er sich nicht vom Klempner um die Ecke". Gisela Fritsch, die die Rolle der Krystle Carrington spricht, ist eher bereit, das Exotische der Serie zu sehen. Krystle, findet sie, ist eine sympathische Person mit viel Seele, aber die Situationen, in die sie sich manövriert – nein, die wären für Gisela Fritsch im eigenen Leben undenkbar. Die dunkellockige Schauspielerin rühmt an Linda Evans vor allem, daß sie eine gute Schauspielerin ist, weil das die Synchronarbeit sehr erleichtert. Gisela Fritsch hat schon vielen Stars von den Lippen gelesen, z. B. der Mäusedame in „Bernhard und Bianca". Sie ist aber auch häufiger Gast auf den Berliner Boulevardbühnen und im Fernsehen, im Herbst z. B. in der Serie „Die Schwierigkeiten des Zusammenlebens".

Sympathisch findet auch Torsten Sense seinen „Denver"-Star, den Carrington-Sohn Steven. Der sanfte Blonde, findet der Schauspieler, hat die Probleme vieler junger Menschen, die mit ihren Eltern nicht zurechtkommen. Torsten [...]

Bitte umblättern

FREIZEIT REVUE

Am Erfolg beteiligt: die deutschen Stimmen

Alexis traf ihre S[timme]

Ursula Heyer und Joan Collins begegnet[en sich in Mainz]

Ursula Heyer, Thomas Gottschalk

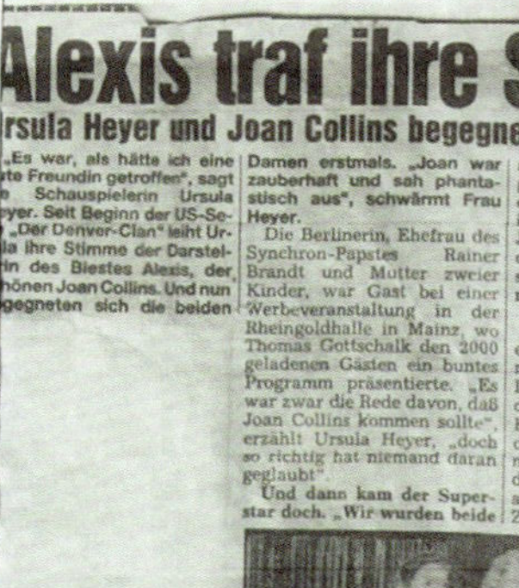

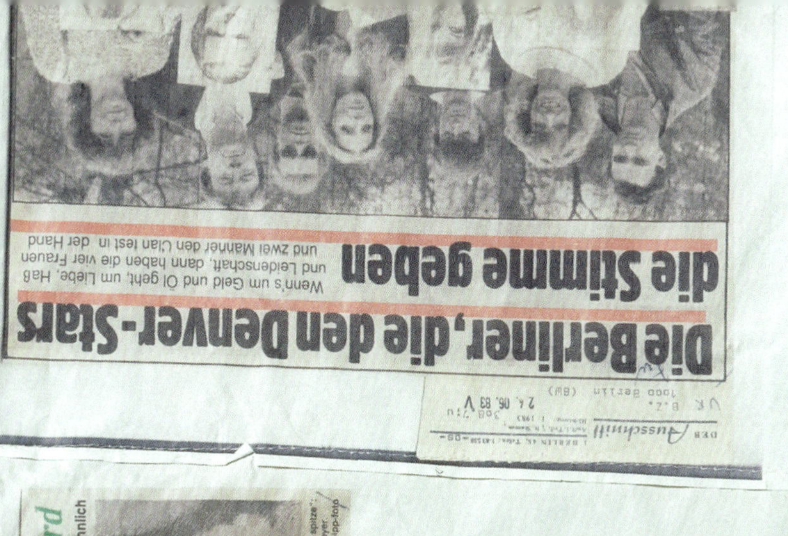

Die Berliner, die den Denver-Stars die Stimme geben

Wenn's um Geld und Öl geht, um Liebe, Haß und Leidenschaft, dann haben die vier Frauen und zwei Männer den Clan fest in der Hand

Mit Haut und Haaren eine echte Collins-Kopie

• Schauspielerin Ursula Heyer (43) war … leidigt, als sie plötzlich in all… war. Seit 23 Jahren im Geschäft. … jetzt wird sie po… deutsche Stimme … „Denver"-Star …

… lins. „Über diesen Ruhm aus zweiter Hand habe ich mich am Anfang geärgert", sagt die Frau des Berliner Synchron-Produzenten Rainer Brandt. „Aber jetzt mache ich das Beste daraus!" Was heißt: Sie kopiert nun auch das …

Ursula Heyer (links) und Joan Collins sehen sich jetzt verblüffend ähnlich

Wie aus Frau Heyer Joan Collins wird

Zuschauer verblüfft: Synchron-Sprecherin sieht „Denver-Biest" täuschend ähnlich

BERLIN. Die rotblonde Schauspielerin Ursula Heyer, den Fernsehzuschauern aus zahlreichen Filmen und Serien bekannt, zeigte sich bisher stets kühl und bescheiden. Zuletzt erst neben Harald Juhnke in „Café Wernecke" und im Moment in „Christian und Charstiane" sogar in einer Mutterrolle.

Ebenfalls als Mutter mit ihren eigenen Kindern Judith und Andrej sehen wir sie ab 3. Oktober 1983 in mehreren Fernsehfolgen in „Heiter bis wolkig". Doch neuerdings zeigt sie sich von einer ganz anderen — eher erotischen — Seite. Angeregt wurde sie dazu von Joan Collins alias Alexis Carrington im ZDF-Denver-Clan. Ursula Heyer ist die deutsche Stimme des amerikanischen Biests.

52 Folgen habe ich bereits synchronisiert, und die Frau ist einfach spitze", meint Ursula Heyer. „und wir Frauen können noch viel von ihr lernen. Neben ihrer Direktheit fasziniert mich besonders ihr Aussehen". Dies hat sich Ursula Heyer einfach mal ausgeliehen. In der NDR-Talkshow kreuzte sie prompt als Joan Collins auf. Die Zuschauer ließen sich von der ungeheuren Ähnlichkeit täuschen und glaubten, die echte Alexis Carrington, das „Denver-Biest", zu sehen.

Zu dieser gelungenen Verwandlung benötigten die Visagist René Koch und Hairstylist Paul Weinand jedoch 4 Stunden. Genau nach Vorbild wurde eine schwarze Perücke gefertigt und frisiert, Lidschatten, falsche Wimpern und Lippenstift auf die richtigen Stellen gesetzt.

JOAN COLLINS ist einfach spitze": Synchron-Sprecherin Ursula Heyer. Foto: hipp-foto

Riesenüberraschung für alle Denver-Fans

*Alexis' Stimme am NEUE REVUE Lachtelefon! (040) 33 90 33

…sula Heyer, die deutsche …imme von Alexis

Freche Fröscl

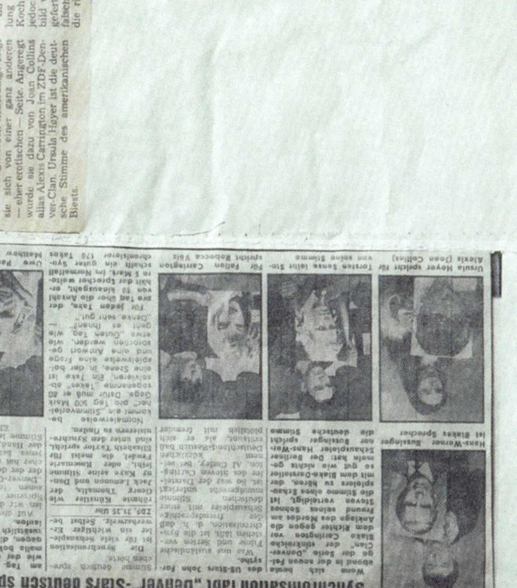

„Wenn Krystle heult, weint Gisela

Synchronisation läßt „Denver"-Stars deutsch sprechen

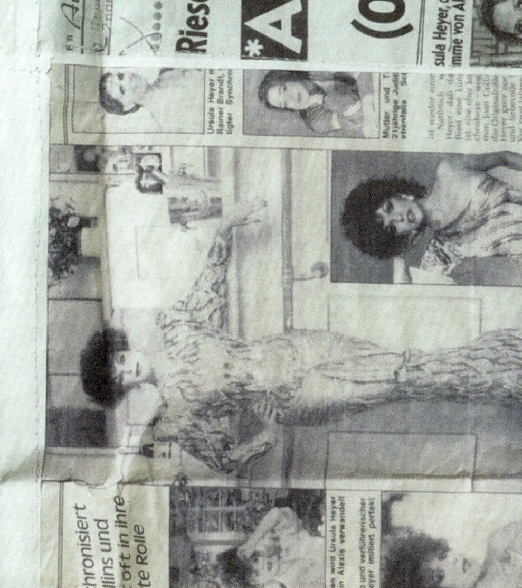

Sie synchronisiert Joan Collins und schlüpft oft in ihre berühmte Rolle

Verblüffend, wie aus der deutschen Schauspielerin Ursula Heyer das »Denver«-Biest Alexis wird

Die Stars vom Denver-Clan

Erfolg beteiligt: die deutschen Stimmen

8. Folge

Die Denver-Stars und ihre deutschen Stimmen — wie sie leben, wen sie lieben, wie sie Karriere machten.

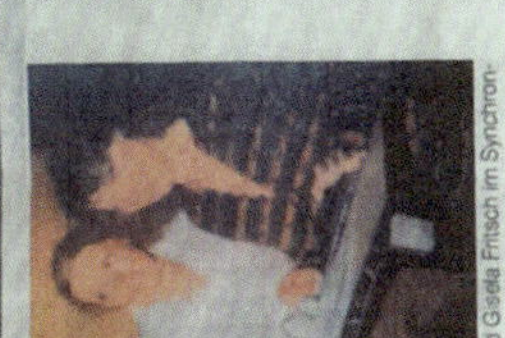
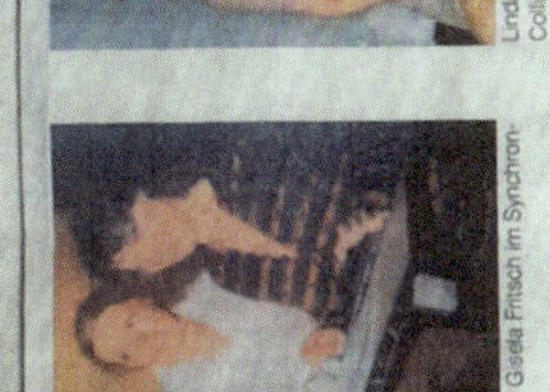
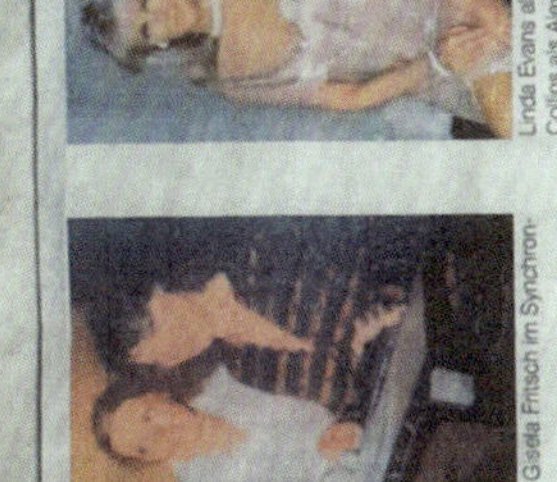

Linda Evans als Krystle und Joan Collins aus Aladin 1982

und Gisela Fritsch im Synchron

Die Augmented-Reality-App Abstrakt (abstrakt.refrakt.org) erweitert diese Publikation und macht Ausschnitte von Kerstin Honeits Videoarbeiten zugänglich.

Der QR-Code leitet per Scan, via Smartphone oder Tablet, direkt zum App Store beziehungsweise Play Store und die Abstrakt-App kann installiert werden.

Die Videoausschnitte, die durch die App abgespielt werden können, sind durch grün umrandete Videostills gekennzeichnet. Die Clips spielen, wenn das Smartphone oder Tablet mit der geöffneten App über die markierte Fläche gehalten wird.

The augmented reality app Abstrakt (abstrakt.refrakt.org) expands this publication and makes excerpts of Kerstin Honeit's video works accessible.

By scanning the QR code with a smartphone or tablet you will be lead directly to the App Store or Play Store and the Abstrakt app can be installed.

Excerpts of video works playable by the app are marked by video stills with a green border.

The clips play when a smartphone or tablet is held over the marked area with the app open.

The Voice as a Worker

Kerstin Honeit

The voice labours constantly. It is particularly a worker when it is silent or on strike. It speaks even without language – for example about background. As soon as I started school I was forbidden from speaking 'Berlinerish' in class, with the justification that 'Berlinerish' was not a dialect but just lazy pronunciation. This statement led to an abrupt speechlessness followed by a prolonged silence that was then interpreted as further evidence of laziness. It only occurred to me recently that my artistic investigation of the voice in film and beyond, as well as my later playing with its embodiment and dis-embodiment, actually started then. Not in the sense of a critical reflexive practice, not as voice *drag* but rather as an unconsciously practised but compulsory voice *passing*. A class mimicry beginning with the voice, rewarded or punished based on performance. This then is where my voice started its labour. It was an extremely questionable toil and uncanny at the same time, because it went so terrifyingly unnoticed, so silently that for a long time even I didn't hear the hard graft of vocal assimilation I was undertaking.

Die Stimme als Arbeiter*in

Kerstin Honeit

Die Stimme malocht eigentlich ununterbrochen. Und sie ist auch gerade dann Arbeiter*in, wenn sie schweigt und streikt; selbst ohne Sprache spricht sie. Zum Beispiel von Herkünften: Gleich nach meiner Einschulung wurde mir im Unterricht das Berlinern verboten, mit der Begründung, dass es sich beim Berlinern nicht um einen Dialekt handele, sondern um Faulheit bei der Aussprache. Diese Aussage führte bei mir erst zu einer abrupten Sprachlosigkeit und dann zu einer langanhaltenden Verstummung, die schließlich erneut als Faulheit interpretiert wurde. Erst vor Kurzem ist mir klar geworden, dass meine künstlerische Auseinandersetzung mit der (Film-)Stimme sowie mein späteres Spiel mit ihrer Ent- und Verkörperung eigentlich hier ihren Anfang nahm. Nicht im Sinne einer kritisch-reflektierenden Praxis, nicht als *voice drag*, sondern als unbewusst betriebenes, aber überlebenswichtiges *voice passing*. Eine Klassen-Mimikry, die je nach Performance belohnt oder bestraft wurde und die mit der Stimme begann. Hier hat meine Stimme also angefangen, zu malochen. Eine äußerst fragwürdige Maloche war das, und eine unheimliche zugleich, weil sie so erschreckend unbemerkt vonstattenging. So lautlos, dass selbst ich lan-

With my own video art practice as a background, the following merging of texts and artistic works explores different forms of (translation) work applied to the mediated and disembodied voice in the arts of the moving image. In doing this I want above all to expose the structures and policies behind these voices and make them heard. The voice, as Doris Kolesch writes "cannot simply be understood as the carrier or medium of language, but as an event that produces specific realities and effects"[1]. So in this sense, the voice is also a worker toiling away in many different ways in many different contexts, including the cinema and its mediated expansions: as cultural drag performer of the dubbing industry but also as a radical 'appropteuse' fighting for ambiguity on queer stages.

At this point I would like to emphasise that the voice is not, of course, a subject but rather a construction characterised by attributions and capitalist structures of exploitation as well as the relations of domination they are based on. There is also never *one* voice, never just *one* singular narrative. Nevertheless for this publication I propose an initial scenario that does allow *the* voice to appear – that of the voice as a worker. I would suggest an image to think through performatively and procedurally, that of a technical 'blocking run through' – a common practice in film and theatre. In a 'blocking run through' possible poses and positions are tried out on set and either found to be suitable or thrown out: simply rehearsed. In comparison to other rehearsals, however, this usually takes place without the actual performers, their places taken by stage technicians or extras hired especially to stand in the spotlight. Rather than this kind of rehearsal being about learning a rôle, it is much more about the stage itself – about creating the desired composition for the camera, about lighting the scenery, tracing back exactly from which perspective and at which point those highlights are set. It is about analysing as well as visualising but also staging the working process that the different participants are involved in. Within the imaginary (stage) setting of this publication, I therefore read *the voice,* as well as the term *worker*, as a complex many-voiced performance, consisting of overlays and contradictions, which are approached in this book. The image of a 'blocking run through' like this, especially in regard to an (initially) disembodied, non-visible protagonist, can be very helpful as a first point of orientation in space. It can be a floor marking from which the focus is opened up to illuminate all the non-visible structures that surround the voice. *Non-visible* is not the same as *invisible* here by any means. This not only applies to structures, but especially to the voice as well. It cannot only make itself heard loudly or softly, it is often conspicuous or unmistakable precisely by its very absence.

Even Hollywood tells tales of the classist attempts on the part of the bourgeoisie to silence proletarian voices, though it requires close listening. On the one hand are the productions belittling the working class such as the film adaptation of the musical *My Fair Lady* (1964) but beyond this on the other is the history of Hollywood itself – as well as the rest of the capitalist film industry of the global north – which has made a united effort to either not hear voices outside of a white, bourgeois class or to actively silence them. The first to experience this were some of the big names of the silent era in the age when films learned to speak and became 'talkies'. The musical film *Singing in the Rain* (1952) was dedicated to exactly this

ge die hier verrichtete Schwerstarbeit stimmlicher Assimilierung überhört habe.

Vor dem Hintergrund meiner Videokunstpraxis werden in der vorliegenden Zusammenführung von Texten und künstlerischen Arbeiten unterschiedliche Formen der (Übersetzungs-)Arbeit untersucht, die der medial entkörperten Stimme in der Bewegtbildkunst angetragen werden. Das Anliegen ist hierbei, vor allem die Strukturen und Politiken hinter diesen Stimmen freizulegen und hörbar zu machen. Die Stimme, so hat es Doris Kolesch beschrieben, „ist nicht bloß als Trägerin, als Medium von Sprache zu verstehen, sondern als ein Ereignis, das spezifische Wirklichkeiten und Wirkungen hervorbringt"[1], beziehungsweise herstellt. In diesem Sinne ist die Stimme also auch ein*e Arbeiter*in, die vielbeschäftigt in verschiedenen Kontexten malocht, auch in denen des Kinos und seinen medialen Erweiterungen: als kulturelle*r Dragperformer*in in der Synchronindustrie, genauso aber auch als radikale „Appropteuse", die auf queeren Bühnen für Veruneindeutigung kämpft.

An dieser Stelle möchte ich hervorheben, dass es sich bei der Stimme selbstverständlich nicht um ein Subjekt handelt, sondern um eine Konstruktion, gekennzeichnet durch Zuschreibungen und kapitalistische Verwertungsstrukturen, sowie die diesen zugrunde liegenden Herrschaftsverhältnisse. Auch gibt es nie nur die *eine* Stimme, nie *eine* Erzählung im Singular. Für diese Publikation skizziere ich dennoch ein Ausgangsszenario, das *die* Stimme auftreten lässt: Die Stimme als Arbeiter*in. Ein Bild, das ich bühnen- und prozesshaft denke, im Sinne einer Stellprobe, wie sie bei Film- und Theaterinszenierungen üblich ist. Hierbei werden testweise mögliche Posen und Positionen innerhalb des Sets eingenommen und entweder für passend befunden oder wieder verworfen — eben erprobt. Im Gegensatz zu anderen Proben geschieht dies jedoch meist in Abwesenheit der eigentlich Performenden. An ihre Stelle treten dann Bühnentechniker*innen oder speziell für diesen Vorgang angefragte Statist*innen ins Scheinwerferlicht. Ziel einer solchen Probe ist nicht das Einstudieren der Rolle, vielmehr geht es um den Bühnenraum selbst, um die Herstellung der gewünschten Bildkomposition für die Kamera, um das Ausleuchten der Szenerie. Es geht darum, genau zurückzuverfolgen, aus welcher Perspektive und an welcher Stelle die Schlaglichter gesetzt werden. Dabei handelt es sich um einen sowohl analysierenden wie visualisierenden, gleichzeitig aber eben auch inszenierenden Arbeitsprozess, an dem viele unterschiedliche Akteur*innen beteiligt sind. Innerhalb dieses gedanklichen (Bühnen-)Settings, das der Publikation zugrunde liegt, lese ich deshalb *die Stimme,* genauso wie die Bezeichnung *Arbeiter*in,* als eine komplexe Performanz der Vielstimmigkeit, bestehend aus Überlagerungen und Widersprüchen, denen sich in diesem Buch genähert wird. Das Bild einer solchen Stellprobe kann gerade in Bezug auf eine (erst einmal) körperlose, nicht sichtbare Protagonistin besonders hilfreich sein, als eine erste Orientierung im Raum. Eine Bodenmarkierung von der ausgehend der Fokus weiter aufgemacht wird, um so vor allem auch die nicht sichtbaren Strukturen, die die Stimme umgeben, zu beleuchten. *Nicht sichtbar* heißt hier mitnichten *unsichtbar.* Das gilt für die Strukturen, aber insbesondere für die Stimme. Sie kann sich eben nicht nur laut und leise Gehör verschaffen, sondern ist oft gerade in ihrer Abwesenheit unübersehbar beziehungsweise unüberhörbar.

Von den klassistischen Anstrengungen des Bürgertums, die proletarische Stimme zum Schweigen zu bringen, erzählt selbst Hollywood, auch wenn es dazu eines genauen Hinhörens bedarf: So findet sich einerseits eine Herabsetzung der Arbeiter*innenklasse in verharmlosenden Produktionen wie der Musicalverfilmung *My Fair Lady* (1964), andererseits ist darüber hinaus die Geschichte Hollywoods an sich — sowie die des restlichen kapitalistisch und filmindustriell geprägten globalen Nordens — eine einzige Anstrengung,

phase of technical upheaval in the film industry. One of the main characters, the silent film diva, Lina Lamont, finds it especially difficult to adapt to the new challenges that talkies brought with them and is meant to refer to the real-life figures of the 1920's, the silent film stars Norma Talmadge and Louise Brooks. Whereas in Hollywood's self-referential narrative, Lina Lamont's shrill voice and technical ineptitude clashed with the new acoustic demands of the film public, in the cases of Talmadge and Brooks however, it was the vocal clues to a particular social background, namely their unmistakably working-class accents that brought their real-life film careers to an abrupt end. In Brooks' last feature film *The Canary Murder Case* (1929), her voice was dubbed afterwards by another actor before the movie was presented to an unknowing public. The dream factory had no place for the voices of divas who reminded people of physical labour and poverty. Talmadge and Brooks found themselves outside Hollywood's gates. Where there were previously inaudible, they now became invisible.

When films became audible, a new form of presence – or indeed absence – of the voice came along with it. The (disembodied) voice on the cinematic sound track is from then on given all sorts of work to do in order to (re)produce the hegemony already present on the visual level but now on the acoustic level too. This means that the obvious stereotypical attributions in terms of a classist, racist, gender and otherwise discriminatory filmic and acoustic misrepresentation are not just reproduced but also hugely amplified. The work of the voice in this case is above all that of the translator, in the broadest and most problematic interpretation of this job. Its task is to make normative through translating and to further cement social hierarchies cinematically, silencing the multiplicity of realities. As one might suspect, this does not just happen in secret or in the context of dubbed films in which one's own cultural thought patterns are stubbornly and ignorantly imposed on international productions. In some cases such vocal and ideological 'translations' were explicitly advertised. For the premiere of the film musical and opera adaptation *Carmen Jones* (1954), Twentieth Century Fox proudly announced that the singing voices of all the African American actors (in this case the entire cast) had been dubbed by white opera singers.[2] Even the well-known singing voices of the two leading stars, Dorothy Dandridge and Harry Belafonte had been erased and dubbed over. State racism and segregation in the U.S. made it impossible for Black performers, including these two international singers and actors, to participate vocally in so-called 'high culture'.[3] In place of this, violent fantasies of omnipotence were further manifested in the prevailing culture of dominance.

Yasmine Modestine – or rather her voice – worked for the dubbing industry in France. She started to protest the structural racism also manifested there after a specific experience of discrimination in 2007. At first she protested quietly and then louder and louder, as the documents included in this volume attest. Yasmine Modestine risked a great deal by raising her voice but she fought on, for herself and for many others. Her activist practice succeeded in launching the first international media debate about discriminatory practices in the casting of voice artists in the dubbing industry, resulting in calls for action in Germany as well. I would like to express my most heartfelt thanks to her and her courageous voice as well as her

Stimmen außerhalb einer *weißen*[2] und bürgerlichen Klasse entweder erst gar nicht zu hören oder aktiv verstummen zu lassen. Als erste haben diese Erfahrung einige Stummfilmgrößen gemacht, als die Filme begannen, das Sprechen zu lernen und deshalb *talkies* genannt wurden. Das Filmmusical *Singin' in the Rain* von 1952 war genau dieser technischen Umbruchphase der Filmproduktion gewidmet. Einer der Hauptcharaktere, die Stummfilmdiva Lina Lamont, tut sich mit den neuartigen Herausforderungen, die der Tonfilm mit sich bringt, besonders schwer und sollte dadurch an reale Vorbilder erinnern: die 1920er Jahre Filmstars Norma Talmadge und Louise Brooks. Während in der selbstreferenziellen Erzählung Hollywoods Lina Lamonts schrille Stimme und ihr technisches Ungeschick mit den neuen akustischen Rezeptionserwartungen des Filmpublikums kollidieren, waren es bei Talmadge und Brooks jedoch stimmliche Hinweise auf eine bestimmte gesellschaftliche Herkunft: unüberhörbare Working-Class-Akzente, die ihren realen filmischen Karrieren ein jähes Ende bereiteten. In Brooks letztem großen Film *The Canary Murder Case* (1929) wurde ihre Stimme von einer anderen Schauspielerin nachsynchronisiert, bevor der Streifen dem unwissenden Publikum präsentiert wurde. Für Diven-Stimmen, die an körperliche Arbeit und Armut erinnerten, hatte die Fabrik der Träume keine Ohren. Talmadge und Brooks wurden vor ihre Tore befördert – vorher unhörbar, nun unsichtbar.

Mit dem Hörbarwerden des Films ging also eine neue Form der Präsenz – oder eben Absenz – von Stimmen einher. Der (entkörperten) Stimme auf der kinematografischen Tonspur wird fortan allerhand Arbeit angetragen, um die visuell dargebotene Hegemonie auf der Bildebene jetzt auch akustisch herzustellen. Das heißt, dass die offensichtlicheren stereotypisierenden Zuschreibungen im Filmbild durch klassistische, rassistische, geschlechter- und anderweitig diskriminierende akustisch-filmische Missrepräsentationen und Ausschlüsse nicht nur reproduziert, sondern massiv verstärkt werden. Die Arbeit der Stimme ist hier vor allem die einer Übersetzer*in, in einer sehr weit gefassten und höchst problematischen Auslegung dieses Auftrags: Es ist ihre Aufgabe, normierend zu übersetzen und gesellschaftliche Hierarchien filmisch weiter zu zementieren, hin zu einem Verschweigen von vielfältigen Realitäten. Dies geschieht nicht nur, wie vielleicht vermutet, im Verborgenen oder in Zusammenhang mit Synchronübersetzungen, im Zuge derer mit hartnäckiger Ignoranz internationalen Produktionen die eigenen kulturellen Denkmuster übergestülpt werden. In manchen Fällen wurde mit solch einer stimmlichen und ideellen „Übersetzung" sogar expliziert geworben. So verkündete beispielsweise das Produktionsstudio Twentieth Century Fox stolz zur Premiere der Musicalverfilmung und Opernadaption *Carmen Jones* (1954), dass die Gesangsstimmen aller afroamerikanischen Schauspieler*innen, was in diesem Fall der ganze Cast war, von *weißen* Opernsänger*innen nachsynchronisiert wurden.[3] Auch die populären Gesangsstimmen der beiden Hauptdarsteller*innen Dorothy Dandridge und Harry Belafonte waren gelöscht und überspielt worden. Der Staatsrassismus und die Segregation in den USA verunmöglichten Schwarzen[4] Performer*innen, darunter selbst diese beiden internationalen Gesang- und Schauspielstars, in der vermeintlichen „Hochkultur" gesangsstimmlich zu partizipieren.[5] Stattdessen manifestierten sich gewaltvolle Allmachtsfantasien der vorherrschenden Dominanzkultur.

Yasmine Modestine – beziehungsweise ihre Stimme – hat in Frankreich für die Filmsynchronindustrie gearbeitet und nach einer Diskriminierungserfahrung im Jahr 2007 angefangen, gegen den auch dort manifesten strukturellen Rassismus zu protestieren, erst leiser und dann lautstark, wie unter anderem an den in diesem Band enthaltenen Dokumenten deutlich wird. Mit dem Erheben ihrer Stimme hat Yasmine Modestine viel riskiert, aber noch mehr erkämpft, für sich und für andere. Mit aktivistischer Praxis gelang es ihr,

trust in the publication which includes a testimony of her own long protest against racial oppression in the film industry and state institutions, appearing here in print for the first time. Indeed this volume would not even exist if not for the battles fought by Yasmine Modestine. It was through her that I first became aware of the exclusionary policies of the dubbing industry.

In connection with these struggles, the actor and voice artist Dela Dabulamanzi shares insights with me on the state of representational politics in the German dubbing industry and what has happened in the 15 years since Modestine's publicising of her experiences. As an industry insider, Dela Dabulamanzi discusses with me her personal assessment of possible futures for the mediated disembodied voice and its relationship to the moving image. Also discussed are different scenarios of contemporary political developments and changes in the light of new forms of production that make other interpretations and narratives possible. From our common practice of working with the disembodied voice, we were able to exchange ideas from different perspectives and with a great deal of curiosity about how multi-faceted the performativity of the voice can resonate. I would also like to take this opportunity to sincerely thank Dela Dabulamanzi for the openness with which she shared her enormous knowledge and experience with me in the Autumn of 2020.

The voice is involved in as many different processes of production and translation as there are stages that put it on. Just as the voice is tasked with (re)producing hegemonies that present themselves as unchangeable, it is also capable of naming those very hegemonies in such a way that they can be revealed as constructed and thus as something that can be changed. One example of this is in drag performances in which a recorded voice – often already well known – meets a body on stage and is able to transform it before the eyes of an audience. Benjamin Liberatore also writes about the transformative power of the voice in his contribution and thereby he not only makes the voice work, he makes it strike. His essay 'Strike and Instrument' takes Alexander Chee's novel *Edinburgh* (2001) as a starting point to reflect on different forms of vocal resistance and specifically why silent protest in particular is loud and powerful. He also writes about how the voice can free itself and escape when it leaves the body behind through the mouth and with it all the painful inscriptions that violent attributions and the actions that follow give rise to.

Marc Siegel's essay 'Dubbing and the Dandy' refers to my own practice of vocal costuming, elegantly interweaving reflections on voice drag, which has been a significant theme running through my video art practice over fifteen years. Using references to film theory and queer subculture, he creates an initial survey of the most diverse scenarios that an encounter between moving image and (disembodied) voice can muster.

I would like to thank both authors, Benjamin Liberatore and Marc Siegel, for their enriching reflections on the voice and its ways of working.

erstmals eine große internationale Mediendebatte über die diskriminierenden Praxen bei der filmischen Stimmenbesetzung auf den Weg zu bringen, die auch in Deutschland Forderungen nach einem Handeln initiierte. Mein ganz ausdrücklicher Dank gilt ihr und ihrer mutigen Stimme sowie ihrem Vertrauen in diese Publikation, in der einige der schriftlichen Zeugnisse ihres langen Protestes gegen rassistisch begründete Unterdrückung in der Filmindustrie und in staatlichen Institutionen erstmalig veröffentlicht werden. Tatsächlich würde dieses Buch ohne die von Yasmine Modestine gefochtenen Kämpfe nicht existieren. Durch sie bin ich überhaupt erst auf die ausgrenzenden Politiken der Synchronbranche aufmerksam geworden.

An diese Kämpfe anschließend gewährt die Schauspielerin und Synchronschauspielerin Dela Dabulamanzi in einem Gespräch mit mir Einblicke darin, wie es in der deutschen Synchronbranche um die filmstimmlichen Repräsentationspolitiken bestellt ist und was sich in den fünfzehn Jahren seit Modestines Schritt in die Öffentlichkeit getan hat. Als Branchenkennerin teilt Dela Dabulamanzi in unserer Unterhaltung persönliche Einschätzungen über mögliche Zukünfte der durch Medien entkörperten Stimme in ihrem Verhältnis zum Bewegtbild. Damit zusammenhängend werden Szenarien gegenwärtiger politischer Entwicklungen und Umbrüche vor dem Hintergrund neuer Produktionsformen diskutiert und die daraus resultierenden Möglichkeiten neuer Deutungshoheiten und Filmnarrative. Über die uns verbindende Tätigkeit, die Arbeit mit der entkörperten Stimme, tauschten wir uns aus unterschiedlichen Perspektiven und mit großer Neugierde darüber aus, wie vielfältig die Performanz der Stimme resonieren kann. Auch Dela Dabulamanzi möchte ich an dieser Stelle herzlich dafür danken, mit welcher Offenheit sie ihr enormes Wissen und ihre Erfahrungen im Herbst 2020 mit mir geteilt hat.

Die Stimme ist in so unterschiedlichen Herstellungs- und Übersetzungsprozessen involviert, wie es Bühnen gibt, die sie engagieren. Und so, wie es der Stimme angetragen wird, sich als unabänderlich gebende Hegemonien zu (re-)produzieren, so vermag sie es auch, genau diese zu benennen – und zwar so, dass die Hegemonien als konstruiert und damit als veränderbar enttarnt werden können. Wie zum Beispiel auf den Bühnen von Dragperformer*innen, bei denen eine Stimme vom Band – oft bereits schon als populär etabliert – auf einen Körper trifft und diesen vor den Augen des Publikums zu transformieren vermag. Über die Transformationskraft der Stimme schreibt auch Benjamin Liberatore in seinem Beitrag und lässt hierbei die Stimme nicht nur arbeiten, sondern vor allem streiken. „Strike and Instrument" stellt ausgehend von Alexander Chees Roman *Edinburgh* (2001) Überlegungen zu unterschiedlichen Formen stimmlichen Widerstands an – speziell dazu, warum gerade ein stummer Protest laut und mächtig ist. Oder wie die Stimme sich befreien und flüchten kann, wenn sie erst einmal aus der Mundhöhle heraus den Körper hinter sich lässt. Und mit ihm all die schmerzenden Einschreibungen, die gewalttätige Zuschreibungen und daraus folgende Handlungen anrichten.

Mit Blick auf meine stimmliche Kostümierung verwebt Marc Siegel in seinem Beitrag „Dubbing und der Dandy" elegant Betrachtungen des *voice drags* – der signifikanten Konstante innerhalb meiner künstlerischen Videopraxis seit über fünfzehn Jahren – mit filmtheoretischen wie queer-subkulturellen Bezügen und schafft so einen ersten Überblick auf unterschiedlichste Szenarien, die ein Aufeinandertreffen von Bewegtbild und (entkörperter) Stimme entstehen lassen kann.

Beiden Autoren, Benjamin Liberatore und Marc Siegel, möchte ich für ihre bereichernden Überlegungen zu der Stimme und ihrer Arbeitsweisen danken.

In addition, I would like to express my gratitude to all those involved in this publication, which has grown to become a wonderfully multi-voiced, resonant space, through the contributions, intense exchange and mutual listening. At this point I would like to mention those who have worked so significantly on the publication behind the scenes. In particular, I want to thank Fiona McGovern for the enriching editorial collaboration, for her always witty comments and deductions, her patience and refined sense of humour. Likewise, I would like to thank Michaela Richter for copy editing that went far beyond the task at hand, generously supporting the entire enterprise with assistance and advice from the very beginning and sharpening the whole project. I would also like to thank Anna Voswinckel for the well thought through graphic conception and realisation, as well as Carsten Eisfeld for the meticulous photographic staging of the material protagonists of my work. Andrea Bellu and Matei Bellu have taken on the translation of Marc Siegel's essay and just as carefully allowed for the untranslatable in Benjamin Liberatore's essay, which totally suits the theme of this publication, *strike!* I would also like to sincerely thank Daniel Belasco Rogers for his precise translation work and for the fun we had together discussing individual aspects of language transfer at length. And a big thank you also to Emma Cattell for her dedicated English proofreading work. Finally I would like to thank b_books and especially Michaela Wünsch for the thematic interest and superb support of the project.

1   Doris Kolesch, description of the research project 'Stimmen als Paradigmen des Performativen' (voices as paradigms of the performative), 2003–2010, doris-kolesch.de/Inhalte/Forschungsprojekte/ StimmenAlsParadigmen.htm [accessed April 24, 2022].

2   "Unlike other dubbed performances in Hollywood musicals, which were typically uncredited, the voices of Marilyn Horne, LaVerne Hutcherson, and Marvin Hayes were featured in the film's opening credits and were mentioned in nearly all of the film's reviews." Jeff Paul Smith, 'Black Faces, White Voices: The Politics of Dubbing in Carmen Jones', in: *The Velvet Light Trap* (Spring 2003), pp. 29–42, here p. 33.

3   Op cit. pp. 29–42.

Darüber hinaus gilt mein ausgesprochener Dank allen Beteiligten an dieser Publikation, die durch den engen Austausch und das gegenseitige Zuhören zu einem wunderbar vielstimmigen Resonanzraum angewachsen ist. Ich möchte an dieser Stelle diejenigen nennen, die hinter den Kulissen ganz maßgeblich mit an dieser Publikation gearbeitet haben. Besonders bedanke ich mich bei Fiona McGovern für die bereichernde Zusammenarbeit in der Herausgeber*innenschaft, für ihre stets schlauen Kommentare und Herleitungen, ihre Geduld und den feinen Humor. Gleichermaßen danke ich Michaela Richter für ein Lektorat, das weit über die Aufgabe hinaus das ganze Projekt von Anfang an mit Rat und Tat großzügig unterstützt und in seiner Gesamtheit geschärft hat. Genauso möchte ich Anna Voswinckel für die wohldurchdachte grafische Konzeption und Umsetzung danken, sowie Carsten Eisfeld für das akribische fotografisches Staging der dinglichen Protagonist*innen meiner Arbeiten. Andrea Bellu und Matei Bellu haben sich der Übersetzung von Marc Siegels Aufsatz angenommen und genauso umsorgend in Benjamin Liberatores Essay die Unübersetzbarkeit zugelassen, was dieser Publikation thematisch gut steht: *strike!* Auch Daniel Belasco Rogers möchte ich herzlich für seine präzise Übersetzungsarbeit danken und für den gemeinsamen Spaß, den wir beim ausführlichen Diskutieren einzelner Sprachtransfers hatten. Ebenso geht ein großes Danke an Emma Cattell für das engagierte englische Korrektorat. Und ich möchte b_books danken und hier insbesondere Michaela Wünsch für das thematische Interesse und die souveräne Begleitung des Vorhabens.

1   Doris Kolesch, Beschreibung des Forschungsprojekts „Stimmen als Paradigmen des Performativen" (2003–2010), doris-kolesch.de/Inhalte/Forschungsprojekte/StimmenAlsParadigmen.htm [abgerufen am 24. April 2022].

2   *weiß* wird in dieser Publikation klein und kursiv geschrieben, um zu verdeutlichen, dass damit keine Hautfarbe gemeint ist, sondern es sich hierbei um eine Konstruktion handelt, die mit Privilegien verbunden ist, die oft ungenannt bleiben. Vgl. Maureen Maisha Eggers, Grada Kilomba, Peggy Piesche, Susan Arndt (Hg.), *Mythen, Masken und Subjekte. Kritische Weißseinsforschung in Deutschland*, Berlin: Unrast, 2005.

3   „Unlike other dubbed performances in Hollywood musicals, which were typically uncredited, the voices of Marilyn Horne, LaVerne Hutcherson, and Marvin Hayes were featured in the film's opening credits and were mentioned in nearly all of the film's reviews." Jeff Paul Smith, „Black Faces, White Voices: The Politics of Dubbing in Carmen Jones", in: *The Velvet Light Trap* (Frühjahr 2003), S. 29–42, hier S. 33.

4   Schwarz wird in dieser Publikation großgeschrieben, um zu verdeutlichen, dass damit keine reelle „Eigenschaft" gemeint ist, die sich auf eine Hautfarbe zurückführen lässt, sondern eine Selbstbezeichnung im politisch-emanzipatorischen Sinne, die mit der Erfahrung einhergeht, auf eine bestimmte Art und Weise wahrgenommen zu werden. Vgl. Initiative Schwarze Menschen in Deutschland, „Über Schwarze Menschen in Deutschland berichten" (31. Januar 2013), isdonline.de/uber-schwarze-menschen-in-deutschland-berichten/.

5   Vgl. Smith, 2003, S. 29–42.

Junost Bang

A small faded sticker of the actor Don Johnson adorns the case of a Soviet-era television set. Heavily armed, he stands against an urban background in a cowboy pose advertising the film *Dead Bang* (1990), one of the first US American productions to be simultaneously shown in cinemas in the GDR as well as West Germany. The black and white 'Junost' portable television set, found decorated with its sticker in the street, is the conceptual starting point of the video installation as well as being the monitor for edited excerpts from the action movie *Dead Bang*. The all-male leading rôles in the film were dubbed again for *Junost Bang* by four female visitors at a senior citizens meeting in Adlershof, Berlin in 2007. This location was close to the legendary DEFA film studios which included dubbing facilities for film and television in the GDR. Contrary to usual dubbing practice, the playback speed of the images is adjusted to the newly added, older, unhurried female voices with East Berlin accents.

Junost Bang deals with the cultural imperialism of the changes in East Germany after the political reunification and with it the new arrival of older and therefore more reactionary gender images. The framed photograph on the wall of the four women who recorded the voice-over as part of the installation is a comment on the way that the work of dubbing was made invisible after the introduction of West German practices. In the GDR, dubbing artists were always named in the credits, even on television productions, a practice abandoned in 1990.

Junost Bang (2007), 9'27"
Video installation, 'Junost' portable television set, VHS video player, framed photograph
Videoinstallation, Junost-Kofferfernseher, VHS-Videoplayer, gerahmtes Foto

Ein kleiner verblichener Aufkleber ziert das Gehäuse eines sowjetischen Fernsehers mit einem Porträt des Schauspielers Don Johnson. Der wirbt schwer bewaffnet und in Großstadtcowboy-Pose für einen Film namens *Dead Bang – Kurzer Prozess* (1990), eine der allerersten US-amerikanischen Produktionen, die zeitgleich in den Kinos der DDR und der BRD anliefen. Der so dekorierte, auf der Straße gefundene Schwarz-weiß-Kofferfernseher der Marke Junost ist konzeptioneller Ausgangspunkt der Videoinstallation und dient gleichzeitig als Abspielgerät für bearbeitete Ausschnitte aus dem Action-Streifen *Dead Bang*. Die ausschließlich männlichen Hauptrollen des Films wurden für die Arbeit *Junost Bang* 2007 neu synchronisiert – von vier Besucherinnen eines Adlershofer Senior*innentreffs. Dieser ist nahe den DEFA-Synchronstudios gelegen, einer legendären Produktionsstätte für Film und Fernsehen der DDR. Der gängigen Synchronpraxis entgegengesetzt, orientiert sich hier das Abspieltempo der Bilder an den neu hinzugefügten, älteren, weiblichen Synchronstimmen mit Ost-Berliner Akzent, die es hörbar nicht eilig haben.

Junost Bang thematisiert die kulturimperialistischen Veränderungen in Ostdeutschland im Zuge der politischen Wiedervereinigung und damit auch den Einzug neuer und zugleich alter, reaktionärer Geschlechterbilder. Das gerahmte und als Teil der Installation an der Wand platzierte Foto-Porträt der vier Frauen erinnert an das Unsichtbarmachen der Arbeitsleistung von Synchronsprecher*innen nach dem Einzug westdeutscher Praktiken: In der DDR wurden Sprecher*innen immer namentlich im Abspann genannt, selbst bei Fernsehproduktionen. Diese Praxis wurde nach 1990 abgeschafft.

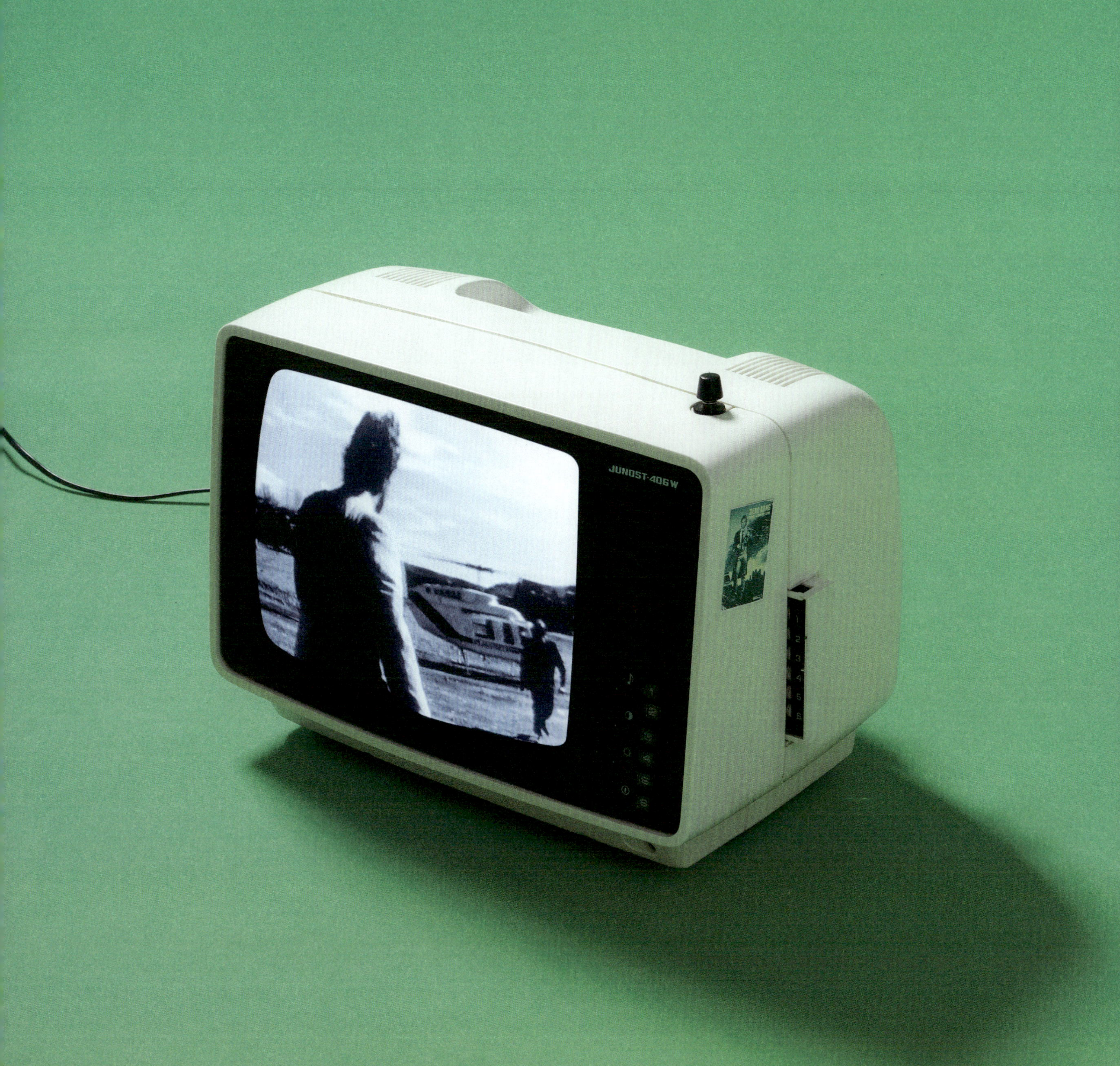

JUNOST-406W

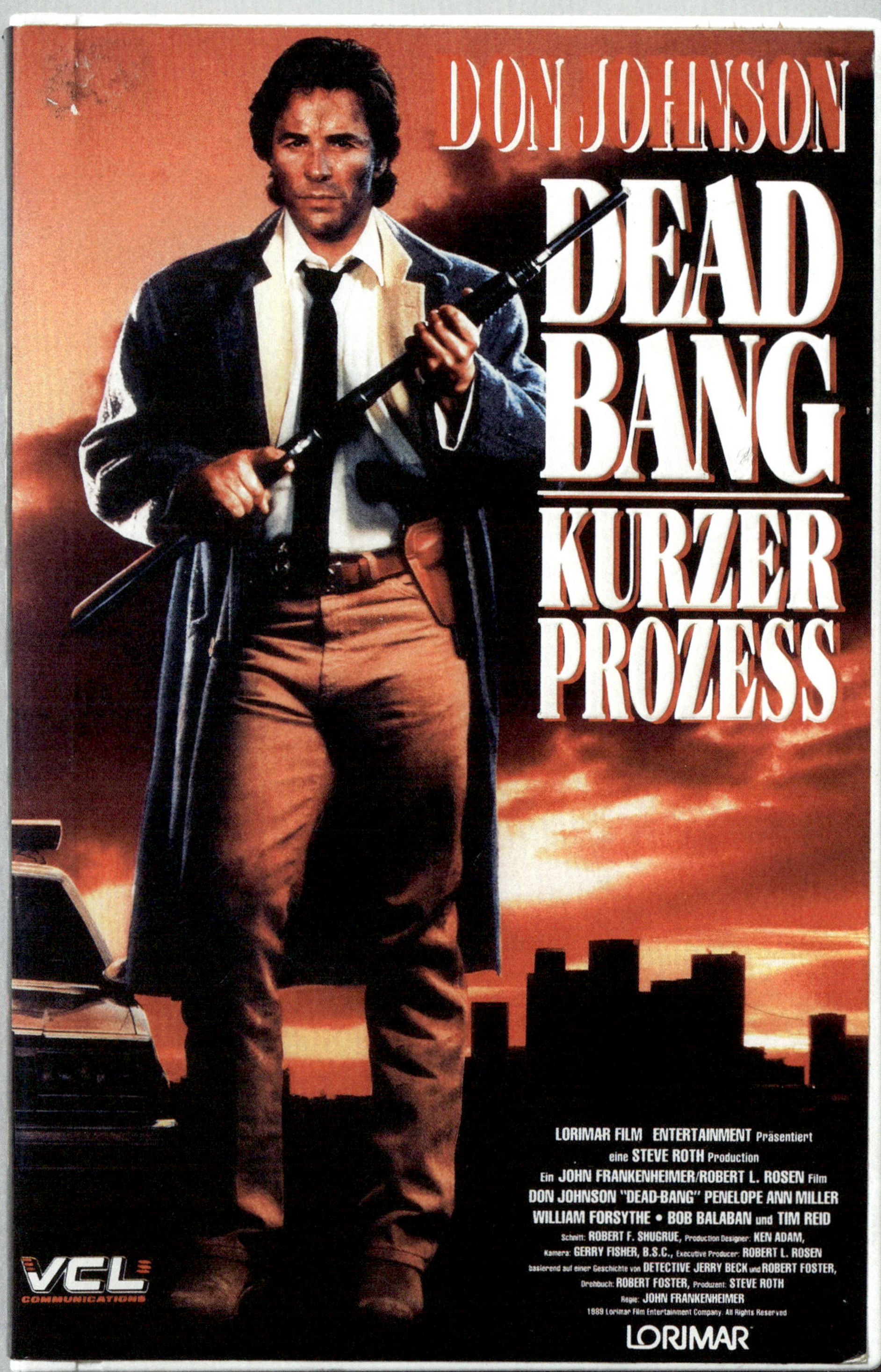

DON JOHNSON
DEAD BANG
KURZER PROZESS
LORIMAR FILM ENTERTAINMENT Präsentiert
eine STEVE ROTH Production
Ein JOHN FRANKENHEIMER/ROBERT L. ROSEN Film
DON JOHNSON "DEAD-BANG" PENELOPE ANN MILLER
WILLIAM FORSYTHE • BOB BALABAN und TIM REID
Schnitt: ROBERT F. SHUGRUE, Production Designer: KEN ADAM,
Kamera: GERRY FISHER, B.S.C., Executive Producer: ROBERT L. ROSEN
basierend auf einer Geschichte von DETECTIVE JERRY BECK und ROBERT FOSTER,
Drehbuch: ROBERT FOSTER, Produzent: STEVE ROTH
Regie: JOHN FRANKENHEIMER
1989 Lorimar Film Entertainment Company. All Rights Reserved
LORIMAR
VCL
COMMUNICATIONS

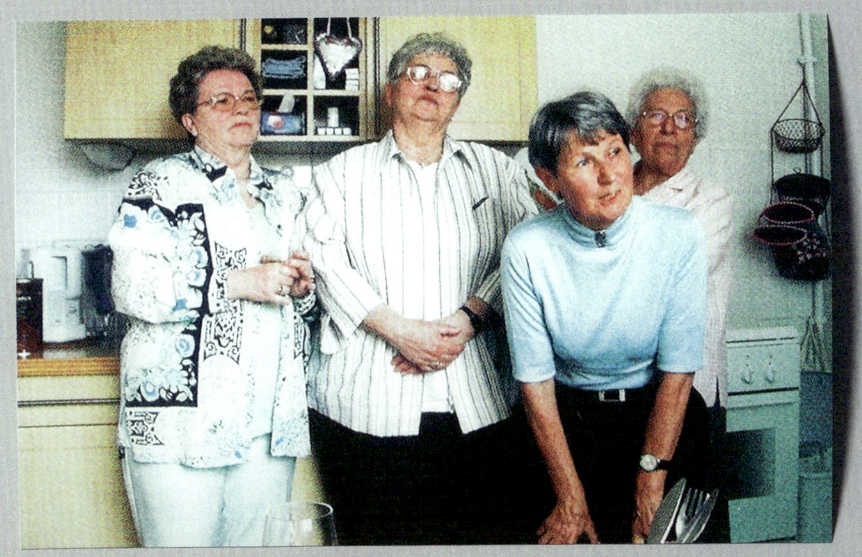

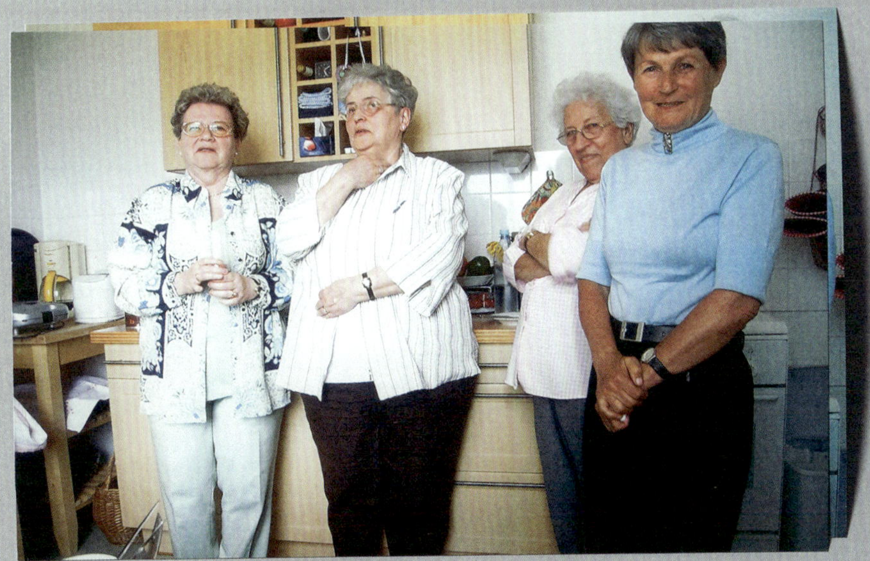

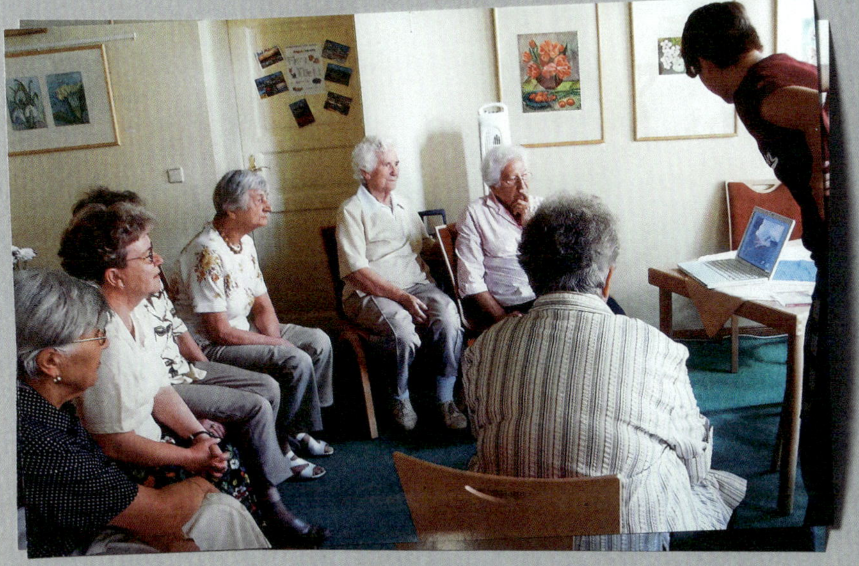

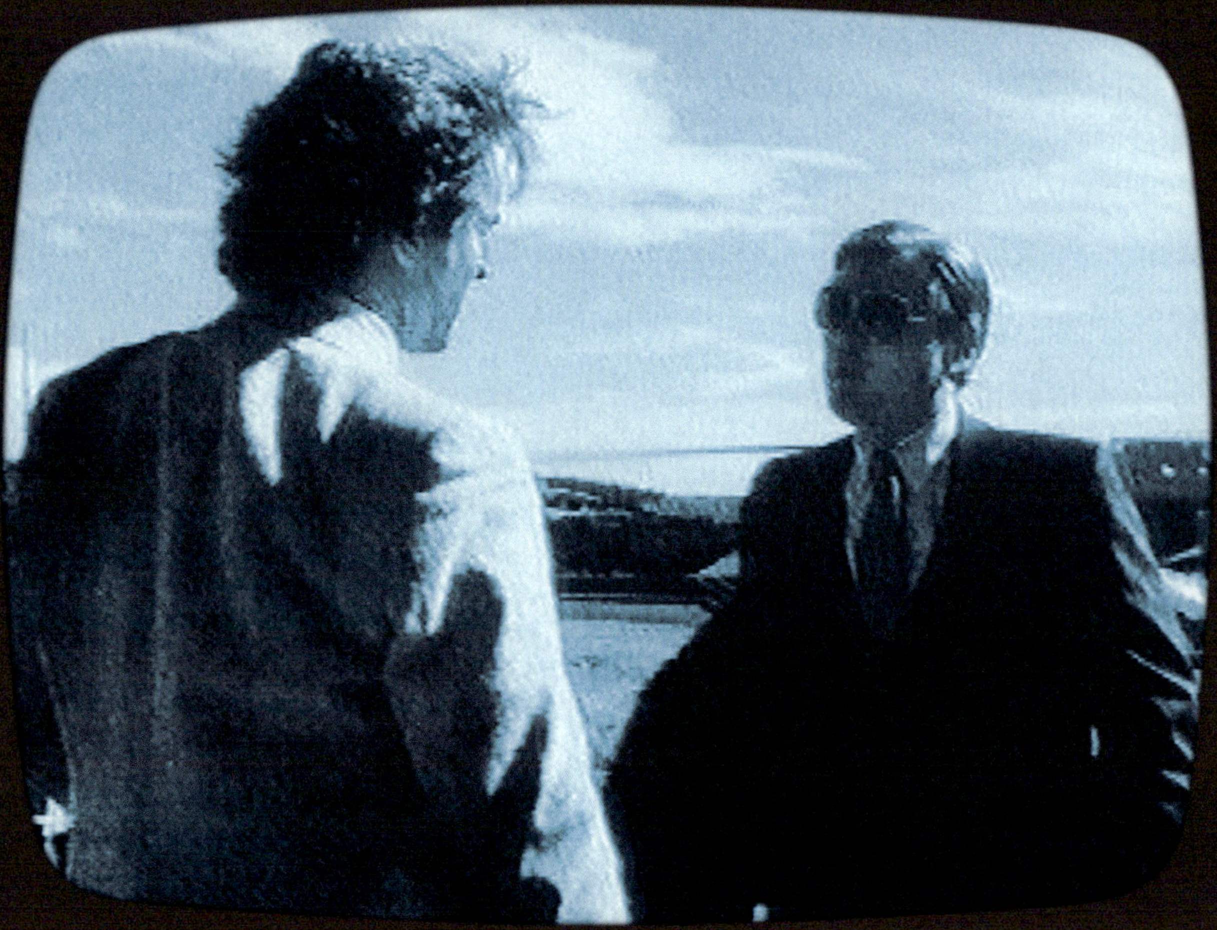

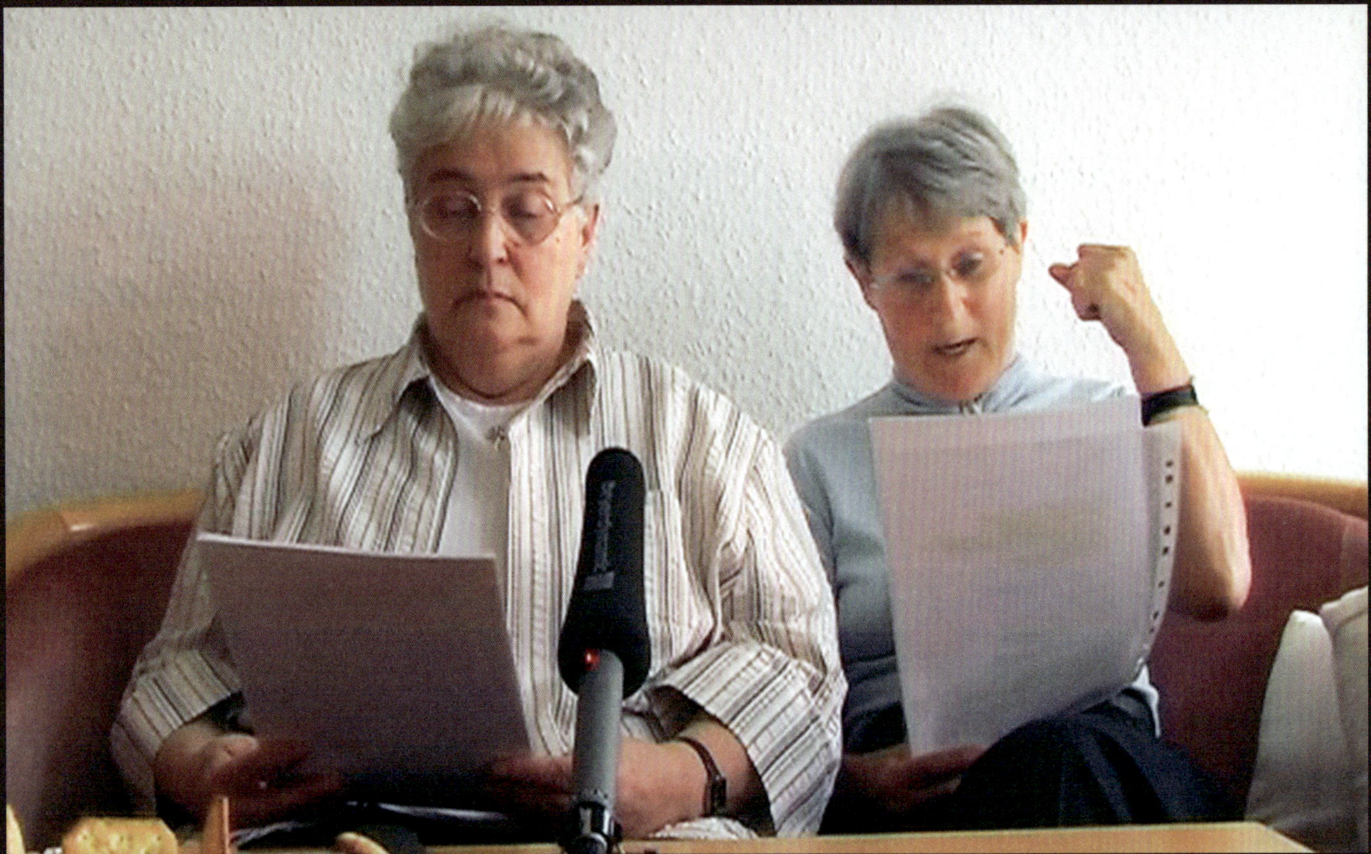

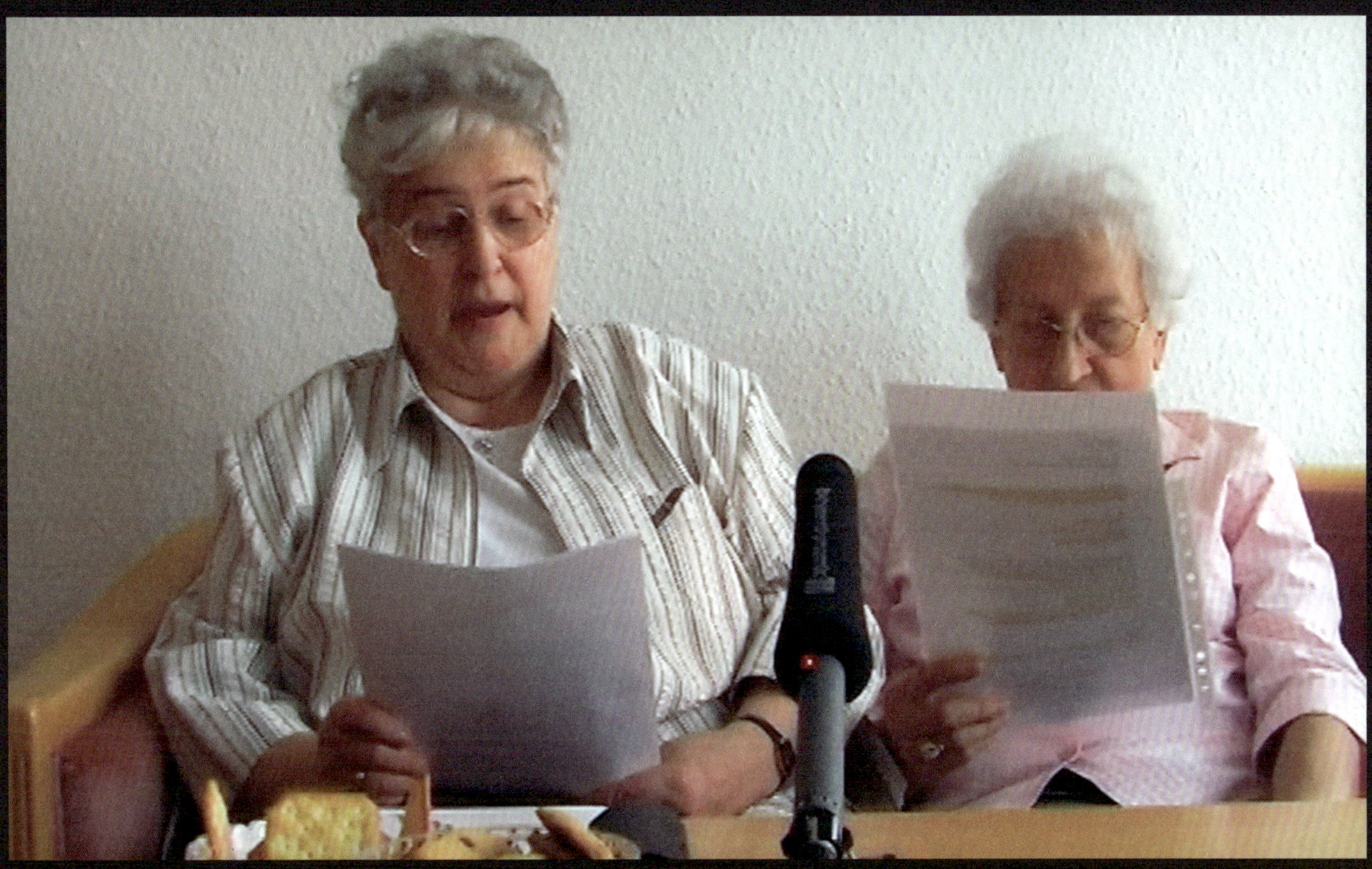

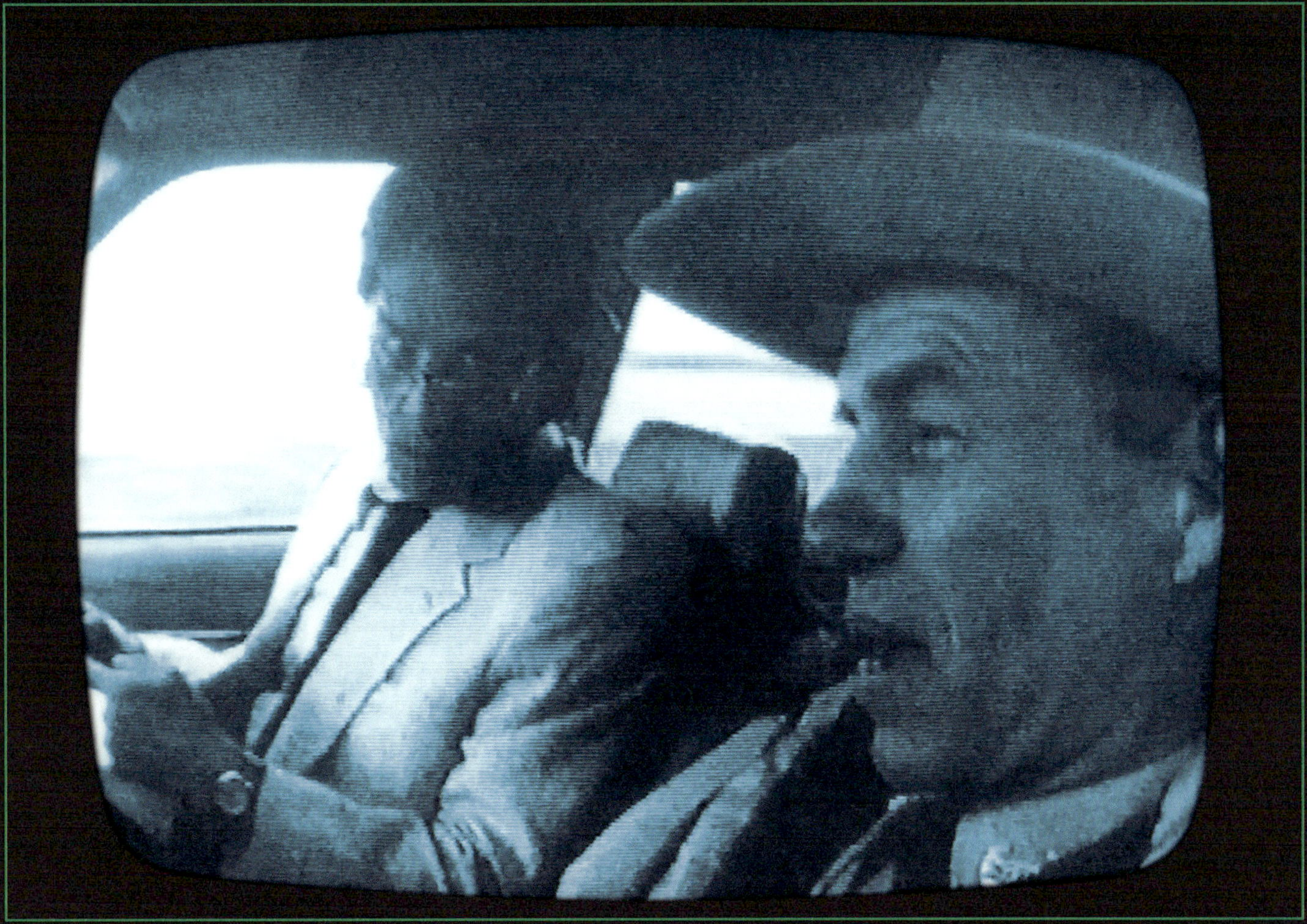

1'04'' von 9'27''

Dubbing und der Dandy

Marc Siegel

Das Drama beginnt mit dem Skript. Aus einer Overhead-Kameraperspektive sehen wir, wie die Hände einer Frau zwei Drehbücher für *Talking Business* auf einem grauen Tisch ablegen, bevor sie sich daneben auf den Tisch setzt. Ihr Gesicht ist nicht zu sehen. Das Rascheln ihrer Bewegungen und der Sound des leeren Raums gehen in eine pompöse Musik über, die im Film oder Fernsehen normalerweise einen dramatischen Augenblick untermalt. Schwarzbild. Neue Szene, anderer Screen. Gleiche Musik. Eine halbnahe Einstellung zeigt den Tisch in einer Studiokulisse: Greenscreen, stechend weißes Licht und im Hintergrund eine kleine, tragbare Leinwand. Die in einen blau-violetten Overall gekleidete Frau sitzt auf dem Tisch, während sie von der Kamera abgewendet eines der beiden Drehbücher liest. Neben ihr sitzt eine weitere Person am Tisch, ein androgyner Dandy in dunklem Anzug und dünner schwarzer Krawatte, und blättert durch das andere Drehbuch. Der Musik aus dem Off folgt ein Dialog zwischen zwei Frauen; die Qualität der Aufnahme lässt an die Tonspur eines Kino- oder Fernsehfilms denken. Eine ältere Stimme sucht unsicher nach der richtigen Begrüßung. „Mrs. Carrington" ist der Name der neuen Figur, lässt uns der pinke

Dubbing and the Dandy

Marc Siegel

The drama begins with the script. In an overhead shot of a grey table, we see a woman's hands lay down two scripts for *Talking Business* before she sits on the table next to them. Her face is not visible. The sound of her actions and the highly amplified location sound of an empty room give way to the overblown music that typically accompanies dramatic moments in film or television. Black out. New scene, different screen. Same music. A medium shot now situates the table in a studio setting: green screen, prominent white lights, and a small portable projection screen in the back. The woman, perched on the table in blue violet overalls, faces away from the camera, while reading one of the scripts. She is accompanied by a second person, an androgynous elegant dandy dressed in a dark suit with a thin black tie, sitting at the table, also reading the script. The music segues into a dialogue between two women; the sound quality of the recording suggests a film or TV soundtrack. An elderly voice expresses uncertainty about how to greet someone. 'Mrs. Carrington' is the newcomer's name as indicated by pink text

Text auf dem schwarzen Hintergrund des ersten Screens wissen, der zugleich als versetzte Übersetzung dieses auditiven Austausches fungiert. Wie beim Karaoke wird die Schrift nach und nach farbig hervorgehoben, sodass wir mitsprechen oder lautlos unsere Lippen mitbewegen können, um so an der Szene teilzunehmen, die sich zwischen den Frauen und dem Drehbuch, dem gesprochenen und dem geschriebenen Wort entfaltet. Und wenn auf dem dritten Screen die diesmal leere Studiokulisse zurückkehrt und auf der tragbaren Leinwand nun die projizierten Bilder der Begegnung der beiden Frauen zu sehen sind, wird langsam klar, dass Kerstin Honeits 3-Kanal-Videoinstallation *Talking Business* (2014) vielmehr vom Business des Sprechens als vom Sprechen über Business handelt.

In *Talking Business* geht es um die angespannte erste Begegnung zwischen Alexis Carrington Colby (Joan Collins) und Krystle Carrington (Linda Evans) in der ersten Folge der zweiten Staffel der Reagan-Ära Fernsehserie *Dynasty* (1981–1989). Doch Honeit erspart uns das Spektakel der berühmten und für das Verhältnis der beiden Frauen so charakteristischen *catfights*, die sowohl die Einschaltquoten der Serie als auch Alexis und Krystle einen festen Platz im *camp* Archiv der Drag-Darstellungen sicherten. Stattdessen unterzieht sie die Szene dieses ersten Treffens geschickt einer Reihe von Verschiebungen, von einem Screen zum nächsten, von Deutsch zu Englisch und – am eindrucksvollsten – vom Spiel *on-screen* zu den Verstrickungen im Off.

Mit Gisela Fritsch und Ursula Heyer sind im Off von Honeits *Dynasty* in erster Linie die Schauspielerinnen anwesend, die Alexis und Krystle in der deutschen Synchronfassung ihre Stimmen liehen. In enger Zusammenarbeit mit den damals mittlerweile etwa siebzigjährigen Synchronsprecherinnen – Gisela Fritsch ist leider noch während der gemeinsamen Arbeit unerwartet verstorben – untersucht Honeit das Spannungsverhältnis, das sich zwischen dem Sprechen und dem Darstellen einer Rolle, zwischen der Synchronisa-

tion glamouröser Frauenfiguren und ihrer Verkörperung entfaltet. Während der Proben erklärt Heyer, wie wichtig Alexis' pointierte Formulierungen auch in ihrem eigenen Alltag waren: „Mit meinen eigenen Worten schaffe ich es nicht, die Leute so in den Bann zu bringen, aber wenn ich so einen Satz sage wie ‚Bevor ich noch einmal zu dir komme, wird es in der Hölle schneien!', dann lachen die Leute." „Du warst immer viel mehr Alexis als ich Krystle," bemerkt Fritsch darauf.

Talking Business ist eine zentrale Arbeit in Honeits kontinuierlicher Recherche zu Stimme und Verkörperung sowie zu Ästhetik und Politiken der audiovisuellen Synchronisation. Es ist ihr erstes Projekt, das sich ganz konkret mit dem Sprech-Business auseinandersetzt, und das bedeutet, mit der professionellen Welt von Synchronisation und Dubbing im deutschen Fernsehen. Die Film- und Fernsehsynchronisation hat ein vertracktes Verhältnis sowohl zu Nationalismus (dann, wenn die eigene Sprache und Kultur gegenüber einer anderen bevorzugt wird) als auch zu Zensur (dann, wenn der gesprochene Dialog aus politischen Gründen umgeschrieben wird).[1] Antje Ascheid betont jedoch, dass die Übersetzung und ästhetische Überarbeitung eines Films oder einer Fernsehserie durch die Synchronsprecher*innen nicht unbedingt hegemoniale Interessen bedienen muss. Dubbing „transform[s] the original into a blueprint, which shifts its status from that of a finished and culturally specific text to that of a transcultural denationalized raw material, which is to be reinscribed in a new cultural context via the dubbing process."[2] Dubbing kann ein subversiver Akt kultureller Aneignung sein, bei dem aus einem bereits existierenden Text ein neuer entsteht, der die Interessen und Vorstellungen eines lokalen Publikums reflektiert.

In fast allen ihren Videoarbeiten und Installationen setzt Honeit Praktiken des Dubbings und der audiovisuellen Synchronisation ein. In der Videoinstallation *Junost Bang* (2007), deren Titel sich aus dem Namen eines in der DDR weit verbreiteten sowjetischen

against the black background of the first screen, which serves as a displaced translation of the aural exchange. This text is progessively highlighted, Karaoke style, so we can speak or mouth along and thereby take part in the unfolding drama between the script and these women, between the written and the spoken word. By the time the third screen is activated and the studio setting returns, empty this time except for projected images of the women's encounter on the portable screen, it has slowly become clear, that Kerstin Honeit's three screen video installation *Talking Business* (2014) is much more about the business of talking than about the talk of business.

Talking Business turns on the tense initial meeting of Alexis Carrington Colby (Joan Collins) and Krystle Carrington (Linda Evans) in the first episode of the second season of the Reagan-era TV series *Dynasty* (1981–1989). But Honeit spares us the spectacle of the famous cat fights that marked the women's relationship, secured the show's ratings and guaranteed Alexis and Krystle a spot in the camp archive of drag impersonation. Instead, she cleverly subjects the scene of the women's initial meeting to a series of displacements, from one screen to the other, from English to German, and–most strikingly–from on-screen pretense to off-screen investment.

The off-screen of Honeit's *Dynasty* is peopled first and foremost by Gisela Fritsch and Ursula Heyer, the actors who lent their voices to the characters of Alexis and Krystle for the German dubbed version of the show. Working closely with the two septuagenerian voice actors–Gisela Fritsch sadly died during the course of their collaboration–Honeit teases out the tensions between speaking a part and playing it, between dubbing glamorous women and embodying them. At one point over the course of rehearsals with Honeit, Heyer reflects on the empowering act of using Alexis's pithy formulations in her daily life: "I thought if I use my own words, I won't manage to engage people. But when I said a sentence like, 'It'll snow in hell before I see you again,' then people laughed." "You were always so much more Alexis than I was Krystle," notes Fritsch.

Talking Business is an important contribution to Honeit's ongoing investigation of the voice, embodiment, and the aesthetics and politics of audiovisual synchronisation. It marked her first venture into the very heart of the talking business, that is, the professional world of German television dubbing. There's a complicated history to the practice of film and television dubbing that ties it to nationalism (privileging of one language and culture over another) and censorship (the alteration of spoken dialogue for political reasons).[1] However, as Antje Ascheid points out, the translation and aesthetic make-over of a film or television show through the use of voice actors does not necessarily play into the hands of hegemonic interests. Dubbing also "transform[s] the original into a blueprint, which shifts its status from that of a finished and culturally specific text to that of a transcultural denationalised raw material, which is to be reinscribed in a new cultural context via the dubbing process."[2] Dubbing can be a subversive act of cultural appropriation, one that fashions out of a pre-existing work a new one tailored to the interests and desires of local audiences.

Fernsehgeräts und dem Titel des Hollywood-Actionfilms *Dead Bang* (1989) zusammensetzt, untersucht die Künstlerin ganz direkt das subversive Potential der Synchronisation. Honeit bat vier ostdeutsche Frauen eines Senior*innenclubs in Berlin-Adlershof, unweit der ehemaligen Fernseh- und Synchronstudios der DDR, die männlichen Stimmen dieses Films zu synchronisieren, der in den Kinos der kurz darauf wiedervereinigten deutschen Staaten anlief. Die rasanten Dialoge und Handlungen des englischsprachigen Films werden entschleunigt, um mit dem Ostberliner Akzent und dem gelassenen Sprechrhythmus der Frauen synchron zu bleiben. (Honeit verlangsamt buchstäblich die Geschwindigkeit der Bilder, um sie dem Sprechen der Frauen anzupassen; eine Umkehrung des eigentlichen Bild-Ton-Verhältnisses in der Synchronisation.) Durch das Dubbing wird das Hollywood-Original zur Vorlage einer audiovisuellen Reflexion über die Subjektivität ostdeutscher Frauen, deren Stimmen und Erfahrungen in der deutschen Wiedervereinigung kaum Platz eingeräumt wurde.

In den meisten ihrer Arbeiten stellt Honeit ihren eigenen Körper als Ort der Synchronisation in den Vordergrund. In *Talking Business* übernimmt Honeit die Rolle der schon erwähnten androgynen Dandy-Figur im schwarzen Anzug mit weißem Hemd und Krawatte; ähnlich angezogen erscheint Honeit in den meisten ihrer Videos.[3] Als Moderator*innen- und Vermittler*innenfigur führt Honeit durch die Videoarbeit und ermöglicht es Heyer und Fritsch, ihre Stimmen nicht nur den für die Fernsehstars geschriebenen Wörtern zu verleihen, sondern auch ihr eigenes kompliziertes Verhältnis zu weiblicher Verkörperung und medial vermittelter Präsenz mitzureflektieren. Für einen Moment synchronisiert Honeit auch ihre eigene Stimme aus den Aufnahmen, die während der Proben mit den beiden Frauen entstanden sind. Meistens aber synchronisiert Honeit ihre Lippen sowie ihre Mimik und Gestik zu den Worten anderer – oft männlicher – Stimmen und Perspektiven, die

durch dieses *voice drag* zum Rohmaterial für ihre kritischen und performativen Untersuchungen werden, wie etwa zu Gentrifizierung in *Pigs in Progress* (2013) oder zu der protzigen Absurdität des Neubaus des Berliner Schlosses in *my castle your castle* (2017). Diese letzte Arbeit zeigt besonders gut, wie Honeit die Ästhetik der Synchronisation für eine queere Intervention in das essayistische Format gesellschaftskritischer Videoarbeiten nutzt.

my castle your castle zeigt eine skurrile Fernsehtalkshow, die in der Baustelle des Berliner Schlosses stattfindet – dem späteren Sitz des berühmt-berüchtigten Humboldt Forums und früherer Standort des Palasts der Republik (1976–1990) und des Berliner Stadtschlosses (1443–1918). Als Dandy-Moderator*in sitzt Honeit mit zwei Bauarbeitern vor einem Kamerateam zum Kaffeeklatsch mit Schwarzwälder Kirschtorte, daneben eine Wand aus Sperrholzplatten an der etliche Sammelteller von deutschen Schlössern hängen. Keiner der beiden Gäste ist direkt an der höchst umstrittenen Rekonstruktion des Berliner Schlosses beteiligt; Honeit versammelt hier andere Stimmen um den Tisch: Peter Friedrich hat Anfang der 1970er Jahre am Bau des Palasts der Republik mitgearbeitet und Gunter Teichert an seinem Abriss 30 Jahre später. Doch bevor das Gespräch richtig beginnt, schneidet Honeit auf eine Außeneinstellung, in der die Baustelle aus der Perspektive der Statuen von Karl Marx und Friedrich Engels am gegenüberliegenden Ufer zu sehen ist; dazu hören wir die Stimme von Rolf Berthold, dem ehemaligen Botschafter der DDR in der Volksrepublik China: „Wenn ich das sehe, was jetzt hier auf der anderen Seite der Spree zu sehen ist, wird man traurig, wütend und eigentlich auch wieder selbstbewusst." Die humorvoll eingeschobene Kritik von Marx und Engels am Bau des Berliner Schlosses / Humboldt Forums nimmt mit dem Schnitt auf unsere*n Dandy-Moderator*in eine explizit queere Wendung – an einem anderen Ort auf der Baustelle sitzt er*sie ganz allein zwischen Baugerüsten und bewegt die Lippen und den Kopf synchron zu Bert-

Almost every one of Honeit's video and installation works incorporates practices of voice dubbing and audiovisual sychronisation. In *Junost Bang* (2007), a video installation that takes it name from a Soviet-made television set common in the German Democratic Republic (GDR) and the Hollywood action film *Dead Bang* (1989), the artist thematises quite directly dubbing's subversive potential. She asked four elderly East German women from a senior's club in Berlin-Adlershof, not far from the main television and film dubbing studio in the GDR, to dub the male voices of a film that screened in cinemas throughout the soon to be reunified German countries. As a result, the English-language film's fast-paced dialogue and action slow down to synch up with the women's East Berlin accents and relaxed speaking rhythm. (Honeit literally slowed down the image track to match the women's vocal performances; a reversal of typical image/sound dubbing practices). Through dubbing, the Hollywood original becomes nothing other than a blueprint for an audiovisual reflection on the subjectivity of East German woman in the face of a German reunification that afforded little space to their distinctive voices and experiences.

In her other work, Honeit typically foregrounds her own body as the site of synchro-nisation. In *Talking Business*, for instance, she appears as the aforementioned androgynous dandy figure in the black suit, white shirt and thin tie, an outfit she wears with only slight variation in most of her videos. Throughout the piece, she functions like a moderator or facilitator, who enables Heyer and Fritsch to give voice not merely to the words written for famous TV stars, but to those describing their own conflicted relationship to female embodiment and mediated presence. Honeit also briefly dubs her own voice from rehearsal footage with the two women. Her usual practice, however, is to synch her lips, facial and bodily gestures to the words of others, those – frequently male – voices and perspectives that serve as raw material for the performative and critical investigation that is the subject of the work at hand, be it gentrification (*Pigs in Progress*, 2013) or the wasteful absurdity of castle and palace construction in Berlin (*my castle your castle*, 2017). The latter video is a wonderful example of Honeit's use of the aesthetics of audiovisual synchronisation for a queer intervention into the essay mode of socially engaged videomaking.

my castle your castle presents us with an odd television talk show set up in the construction site for the Berlin castle – future home of the notorious Humboldt Forum and former home of both the East German Palace of the Republic (1976-1990) and the royal palace of Berlin (1443-1918). Next to a plywood wall displaying commemorative plates of various German castles, Honeit, as dandy moderator, hosts two male construction workers for a *Kaffeeklatsch* with Black Forest Cake in front of a camera crew. Neither man is directly involved in the highly contested reconstruction of the Berlin castle. Honeit has instead brought other voices to the table: Peter Friedrich, who helped build the GDR's Palace of the Republic in the early 1970s, and Gunter Teichert, who helped demolish it thirty years later. Before the discussion can begin, Honeit cuts to an exterior shot of the construction site from the perspective of the statues of Karl Marx and Friedrich Engels across the river, which is synchronised with the voice of Rolf Berthold, former GDR ambassa-

holds Kommentar: „Das Zerstörungswerk, was wir hier vor Augen haben, ist eine historische Untat seltener Größenordnung."[4] Das Video fährt genauso fragmentiert fort und wechselt zwischen betretenem Schweigen beim Kuchenessen, Friedrichs und Teicherts präzisen technischen Beschreibungen vom Bau und Abriss des Gebäudes sowie weiterer absurder Einstellungen, in denen Honeit an verschiedenen Orten der riesigen Baustelle durch *voice drag* sowohl kritische als auch befürwortende Stimmen zum Neubau national aufgeladener Schlösser verkörpert.[5] Noch bevor Rauchschwaden den Auftritt zweier queerer Cowboys ankündigen, die die erste Strophe von Ray Prices Country-Song „I Saw My Castles Fall Today" singen, wird klar, dass es Honeit nicht darum geht, unterschiedliche Meinungen zur Rekonstruktion des Schlosses in Szene zu setzen. Stattdessen interessiert sich Honeit für eine subtile und queere Dekonstruktion der nationalistischen Mythen, die die architektonische und politische Geschichte dieses symbolisch überfrachteten Grundstücks an der Spree weiter antreiben.

Synchronisation ist eine Technik, die bewegte Bilder mit und durch neue Stimmen, Sprachen, Akzente und Erfahrungen sprechen lässt. Honeits Spiel mit der Stimme, ihr *voice drag* geht in die entgegengesetzte Richtung; am Anfang stehen die existierenden Stimmen, die erst durch die Dandy-Performance einer queeren Lesart unterzogen und in einen neuen künstlerischen und kritischen Kontext des bewegten Bildes gesetzt werden. Honeits Synchronisationen — durch Dubbing und Drag — zeigen aus einer queer-feministischen Kritik heraus auf die Inkonsistenzen politischer, gesellschaftlicher und künstlerischer Diskurse.

1 Der Zusammenhang zwischen der Entwicklung des Tonfilms und dem Erstarken faschistischer bzw. nationalistischer Bewegungen in Frankreich, Deutschland, Italien und Spanien, in denen Dubbing auch weiterhin eine wichtige Rolle spielt, wurde schon oft hervorgehoben. Siehe z. B. Martine Danan, „Dubbing as an Expression of Nationalism", in: *Meta*, Bd. 36, Nr. 4 (Dezember 1991), S. 606–614. Für eine weiterführende Diskussion zu Synchronisation und den Traditionen eines globalen Kinos siehe auch Abé Mark Nornes, *Cinema Babel: Translating Global Cinema* (Minneapolis: University of Minnesota Press, 2007) und Mark Betz, *Beyond the Subtitle: Remapping European Art Cinema* (Minneapolis: University of Minnesota Press, 2009).

2 Antje Ascheid, „Speaking Tongues: Voice Dubbing in the Cinema as Cultural Ventriloquism", in: *The Velvet Light Trap* (Herbst 1997), S. 33.

3 Meistens trägt Honeit eine schwarze Fliege statt der dünnen Krawatte.

4 Das barocke Berliner Stadtschloss wurde im Zweiten Weltkrieg schwer beschädigt. Die Regierung der DDR ließ das Gebäude 1950 abreißen, um Platz für den Bau des modernistischen Palastes der Republik zu machen. Nach der Wiedervereinigung wurde dieser Palast abgerissen, um wiederum Platz für die Rekonstruktion des preußischen Stadtschlosses zu machen. Für weitere Informationen zum Humboldt Forum siehe die Website der Coalition of Cultural Workers Against the Humboldt Forum, ccwah.info.

5 Siehe Kerstin Honeit, „Inside/Out. Eine biografisch-filmische Perspektive aus der Drinnen-draussen-Stadt," in: Betty Schiel / Maxa Zoller (Hg.), *Was wir filmten. Filme von ostdeutschen Regisseurinnen nach 1990* (Berlin: Bertz + Fischer, 2021), S. 117–188.

dor to the People's Republic of China: "Looking now over to the other side of the River Spree, it makes one sad, angry and somehow also proudly defiant." The witty implication of a Marx and Engels critique of the Berlin Castle/Humboldt Forum construction project takes an explicitly queer turn with a cut to our dandy moderator sitting alone amidst the scaffolding in another location of the construction site. Her lips and head movements are synched to the final part of Berthold's comment: "The work of destruction in front of our eyes, is a historic misdeed of outstanding dimension."[4] The video continues in this fragmented manner, alternating between awkward silences over cake, Friedrich and Teichert's recounting of highly technical aspects of building construction and destruction and further absurd shots of Honeit in various locations in the massive construction site doing 'voice drag' to the opinions of critics and supporters of constructing palaces of national significance.[5] Long before a puff of stage smoke announces the arrival of two queer male cowboys to sing the first verse of Ray Price's country song, 'I Saw My Castles Fall Today,' it's clear that Honeit's goal is not to stage a showdown between opposing views on the castle reconstruction project. What she's after instead is a subtle and queer deconstruction of the nationalist mythologies that drive the architectural and political history of that humble piece of land along the Spree River.

Dubbing is a technical means of making moving images speak to and through new voices, languages, accents and experiences. Honeit's voice drag works in the opposite direction; it takes preexisting voices and subjects them by way of the dandy's performance to the queer specificity of a new critical artistic and moving image context. Her audiovisual synchronisations – be they dubbing or drag – foreground the incoherencies of political, social and artistic discourse in the face of queer feminist critique.

1   The correspondence of the birth of sound cinema with the rise of fascism and/or nationalist tendencies in France, Germany, Italy and Spain – significant dubbing countries – has often been noted. See, for instance, Martine Danan, 'Dubbing as an Expression of Nationalism', in: *Meta*, vol. 36, no. 4 (December 1991), pp. 606–614. For broader discussions of dubbing's pros and cons in relation to specific global cinema traditions, see also Abé Mark Nornes, *Cinema Babel: Translating Global Cinema* (Minneapolis: University of Minnesota Press, 2007) and Mark Betz, *Beyond the Subtitle: Remapping European Art Cinema* (Minneapolis: University of Minnesota Press, 2009).

2   Antje Ascheid, 'Speaking Tongues: Voice Dubbing in the Cinema as Cultural Ventriloquism', in: *The Velvet Light Trap* (Fall 1997), p. 33.

3   Honeit typically wears a black bowtie rather than a thin long one.

4   The baroque royal palace of Berlin was severely damaged in World War II. The East German government demolished the building in 1950 to make way for the construction of the modernist Palace of the Republic. After German reunification, this palace was eventually torn down to make way for the reconstruction of the Prussian royal palace. For more on the Humboldt Forum, see the website of the Coalition of Cultural Workers Against the Humboldt Forum, ccwah.info.

5   See Kerstin Honeit, 'Inside/Out. Eine biografisch-filmische Perspektive aus der Drinnen-draussen-Stadt', in: Betty Schiel / Maxa Zoller (eds.), *Was wir filmten. Filme von ostdeutsche Regisseurinnen nach 1990* (Berlin: Bertz + Fischer, 2021), pp. 117–188.

Talking Business

Talking Business deals with film dubbing in terms of doubling, an aspect that is technically inherent to the process and which also leads to a multiplication of representational politics. The English term 'dubbing' is a shortened form of the word 'doubling' and comes from a time when it was not yet possible to dub dialogue in different languages — films were produced two or more times: identical productions in which actors speaking French, Russian, English or German were replaced. The script for *Talking Business* was developed in collaboration with the voice artists Ursula Heyer and Gisela Fritsch. They provided the German voices for Joan Collins and Linda Evans in their rôles as Alexis Carrington Colby and Krystle Carrington from the 1980s TV hit series *Dynasty*. While the international media hype surrounding the series quickly promoted Collins and Evans to icons of their time, including a *camp* reading (stylistically exaggerated acting and appearance making queer and subversive appropriations possible as a result of this artificiality) Heyer and Fritsch had very different experiences. As the TV show's popularity soared, the two voice artists who also worked as theatre and film actors, were increasingly denied other rôles. So convincing was their dubbing work for German audiences that Heyer and Fritsch's Berlin voices were inseparable from the *Dynasty* characters. Their voices and therefore also their bodies now belonged to other people and this meant the end of their time in front of the camera.

The expansive 3 channel video work *Talking Business* dissolves the constructed unity of sound and image, voice and body. The synchronised layers are replayed out of sync, becoming a doubling, a repetition, an event in the production process, which also includes the production of femininities in image and sound. *Talking Business* makes this fabrication visible. Ursula Heyer and Gisela Fritsch appear on screen, alternating in rôles between voice artists and the series' characters Alexis and Krystle who they performatively challenge to regain their voices.

Talking Business (2014), 13'52"
Video installation, 3 projection screens, 3 projectors with synchronised media players, sound system
Videoinstallation, 3 Projektionswände, 3 Projektoren mit synchronisierten Abspielgeräten, Soundsystem

Talking Business widmet sich der Filmsynchronisation unter dem Aspekt der Verdoppelung, einem ihr technisch immanenten Phänomen, das auch zu repräsentationspolitischen Vervielfachungen führt. Die etymologische Herkunft des englischsprachigen Begriffes *dubbing* (eine Abwandlung von *doubling*) verweist auf die Anfänge der Filmsynchronisation: Als eine Vertonung von Dialogen in unterschiedlichen Sprachen noch nicht möglich war, wurden Filme doppelt oder mehrfach hergestellt – identische Produktionen, die sich nur durch verschiedensprachige Schauspieler*innen unterschieden. Das Skript für *Talking Business* wurde gemeinsam mit den Synchronsprecherinnen Ursula Heyer und Gisela Fritsch entwickelt. Sie verliehen den US-amerikanischen Schauspielerinnen Joan Collins und Linda Evans, die in dem 1980er-Jahre-TV-Serienspektakel *Der Denver-Clan* (im Orig. *Dynasty*) die Rollen der Alexis Carrington Colby und Krystle Carrington spielten, ihre deutschsprachigen Stimmen. Während der internationale Medienhype um die Serie Collins und Evans schnell zu *den* weiblichen Ikonen ihrer Zeit erkor, Rezeptionen als *camp* (stilistisch überpointiert in Spiel und Ausstattung und infolge dieser Künstlichkeit Anlass für queere Lesarten und subversive Appropriationen) miteingeschlossen, machten Heyer und Fritsch eine sehr gegenteilige Erfahrung: Beiden auch als Schauspielerinnen arbeitenden Sprecherinnen wurden mit der rasant wachsenden Popularität der TV-Saga zunehmend Rollenangebote verwehrt. So überzeugend war ihre Synchronarbeit für das deutschsprachige Fernsehpublikum, dass Heyers und Fritschs Berliner Stimmen scheinbar nicht mehr von den Hollywood-Figuren zu trennen waren. Ihre Stimmen und damit auch ihre Körper gehörten jetzt anderen, was das Aus für Besetzungen vor der Kamera bedeutete.

Die raumgreifende 3-Kanal-Videoarbeit *Talking Business* löst die konstruierte Einheit von Ton und Bild, Stimme und Körper wieder auf: Die synchronisierten Überlagerungen werden asynchron abgespielt zu Dopplungen, zu Wiederholungen, zu einem Vorgang in einem Herstellungsprozess, zu dem auch die Produktion von Weiblichkeiten in Bild und Ton gehört. *Talking Business* macht diese Fabrikationen sichtbar, Ursula Heyer und Gisela Fritsch zeigen sich vor der Kamera, changieren in ihren Rollen zwischen Sprecherinnen und den Serienfiguren Alexis und Krystle, die sie performend herausfordern, um sich ihre Stimmen zurückzuholen.

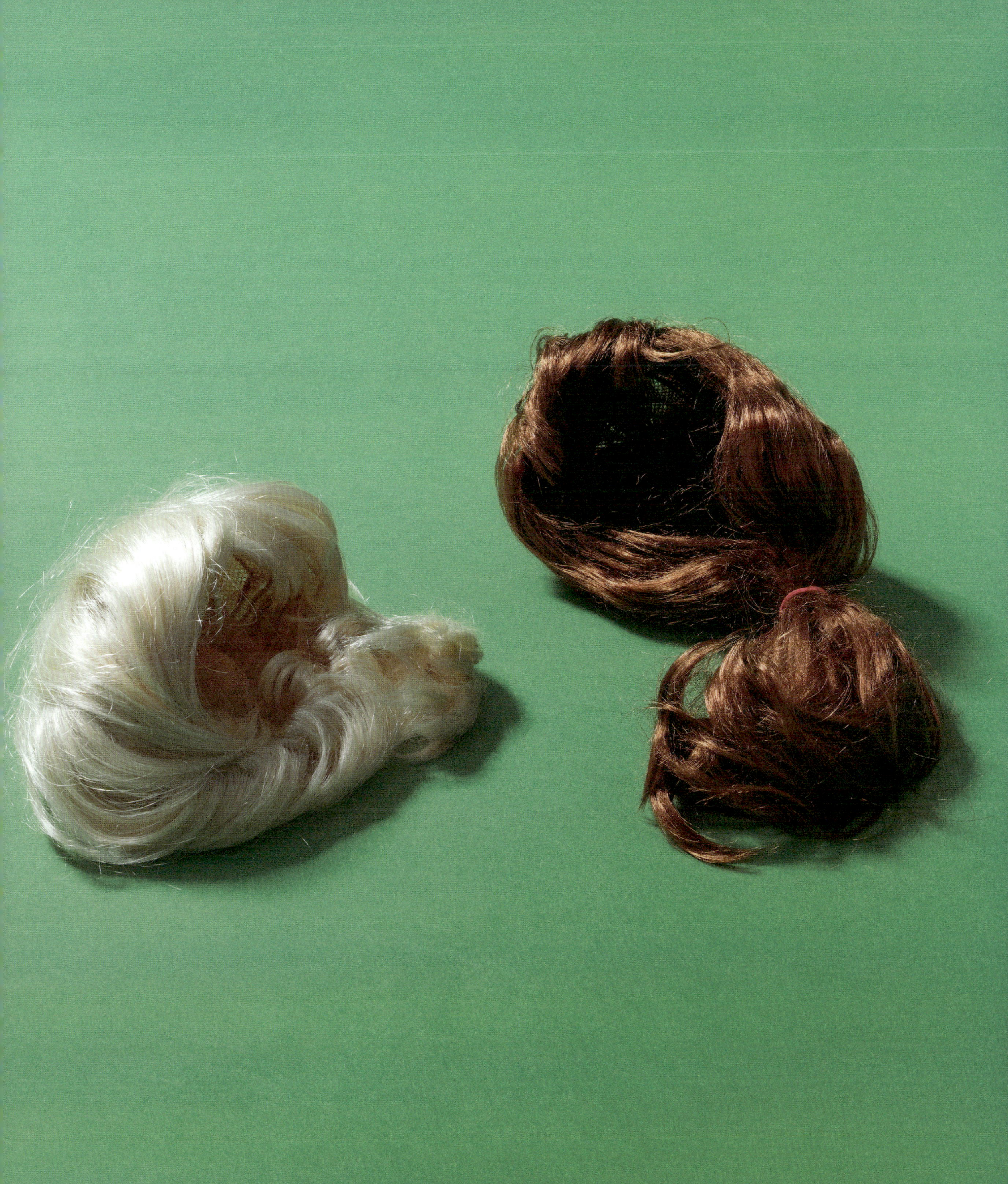

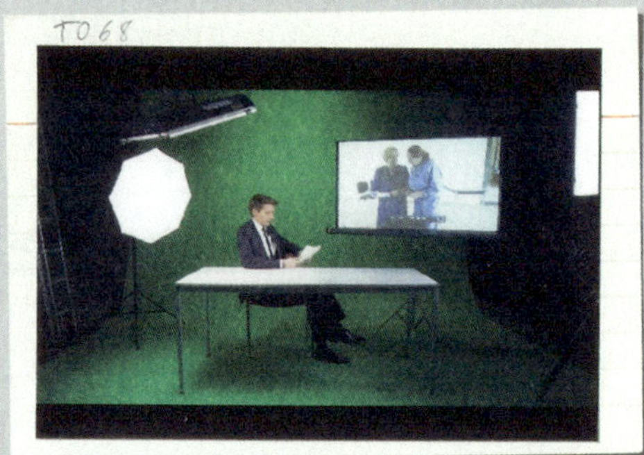
TO68
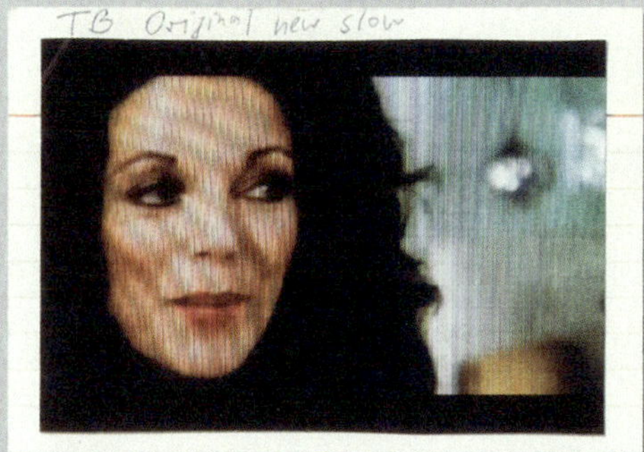
TB Original new slow
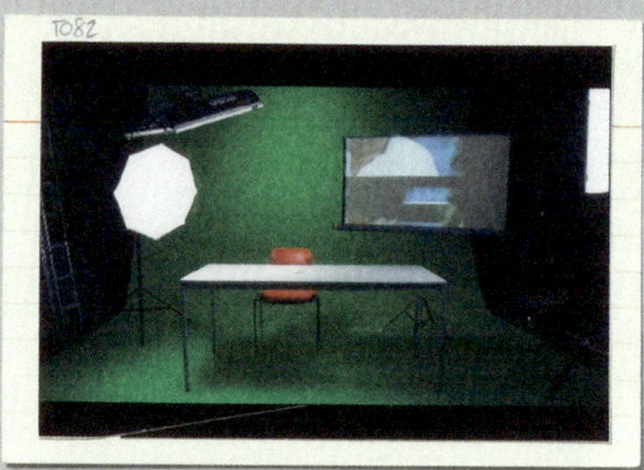
TO82
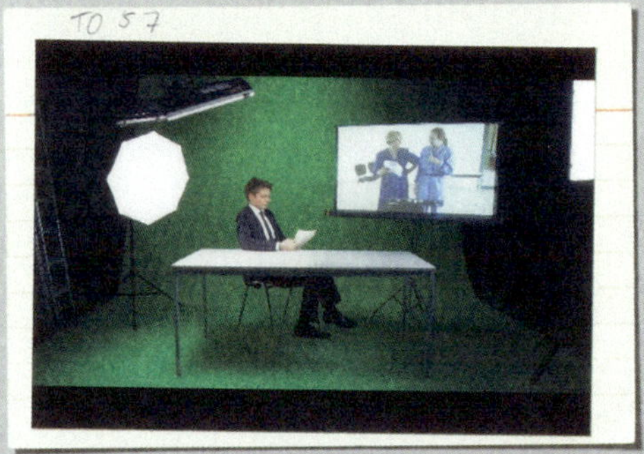
TO57
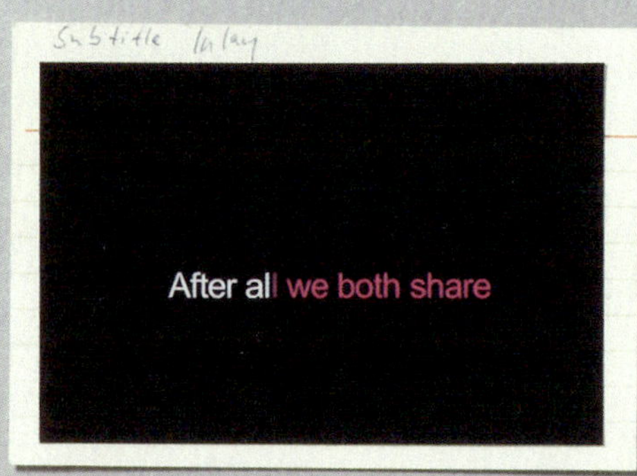
Subtitle Inlay
After all we both share
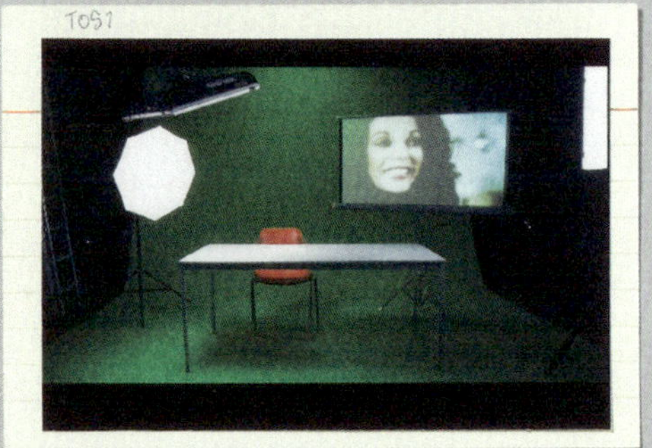
TO57

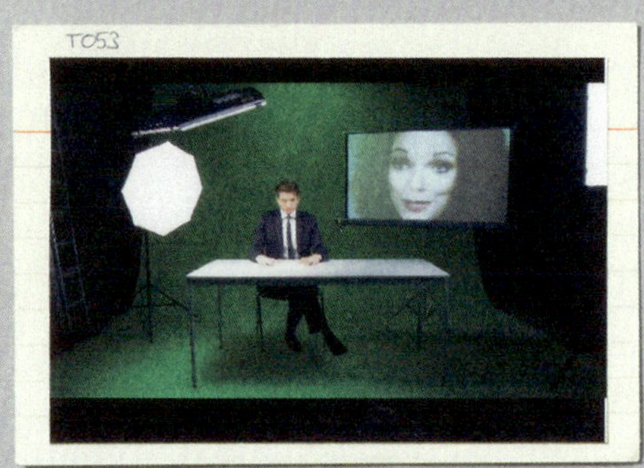
TO53
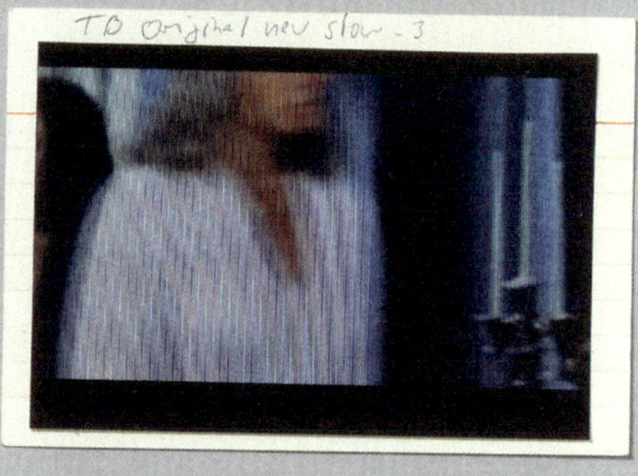
TB Original new slow - 3
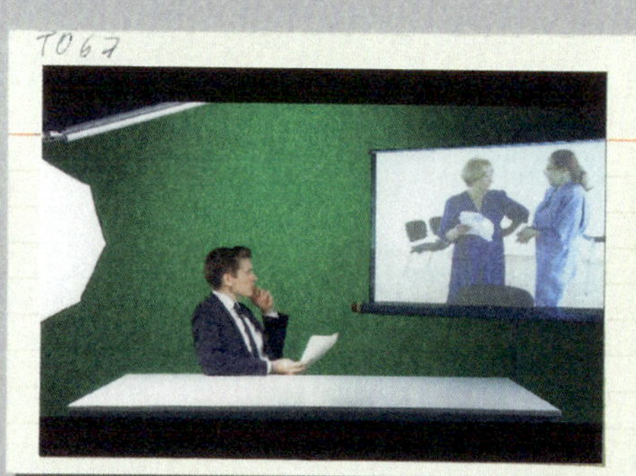
TO67
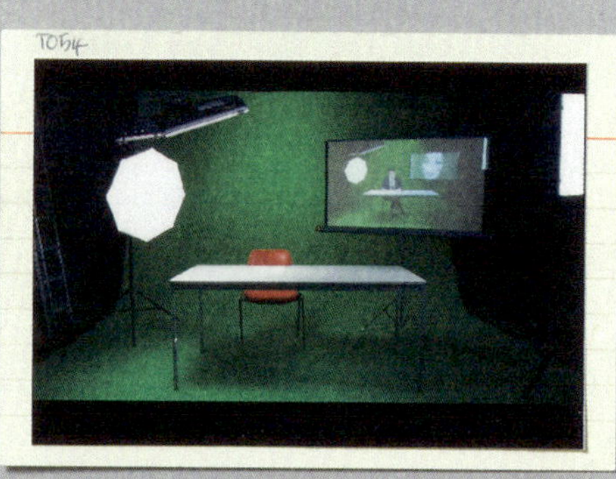
TO54
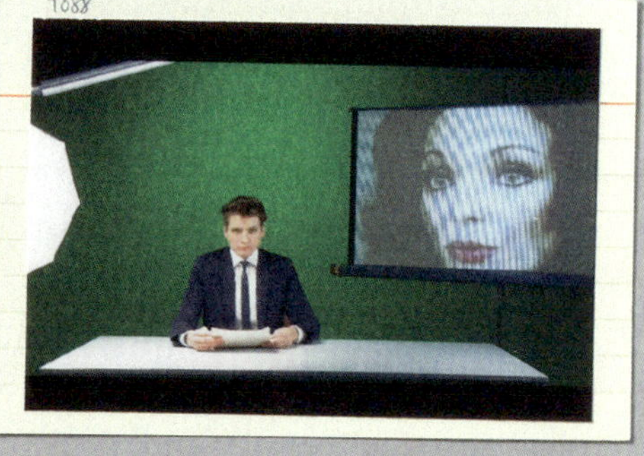
TO88
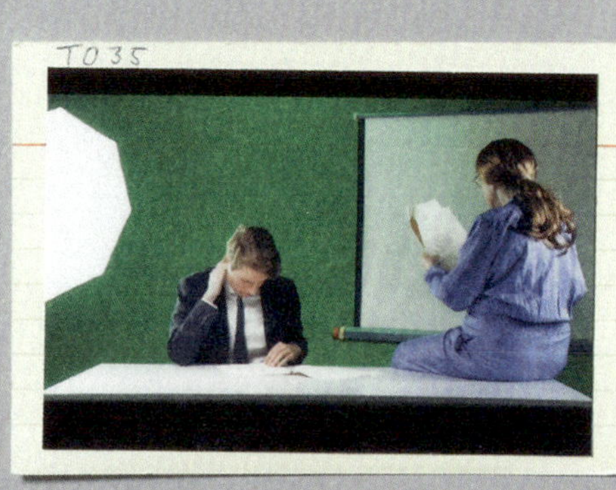
TO35

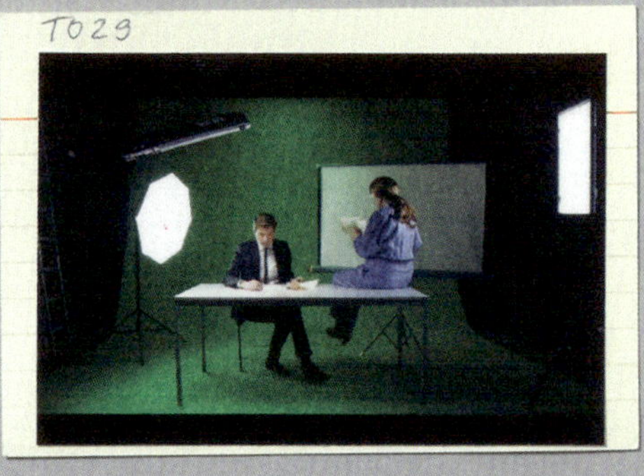
TO29

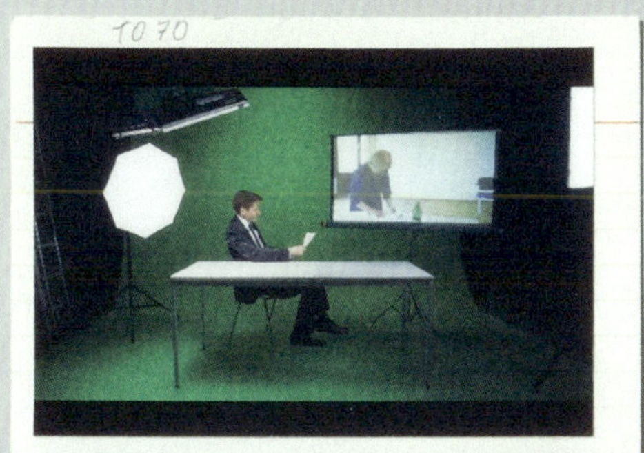
T070

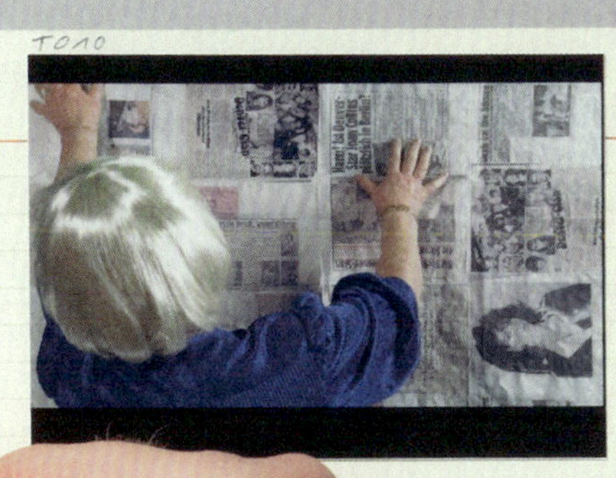
T010

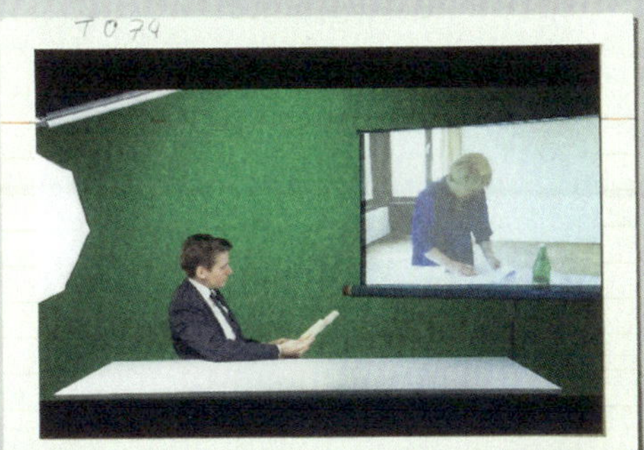
T074

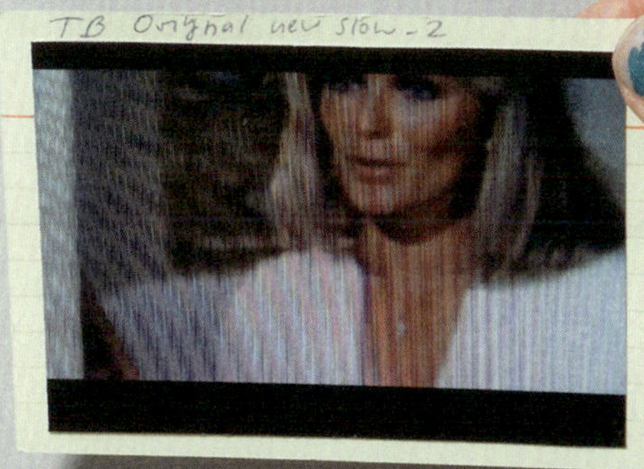
TB Original new slow -2

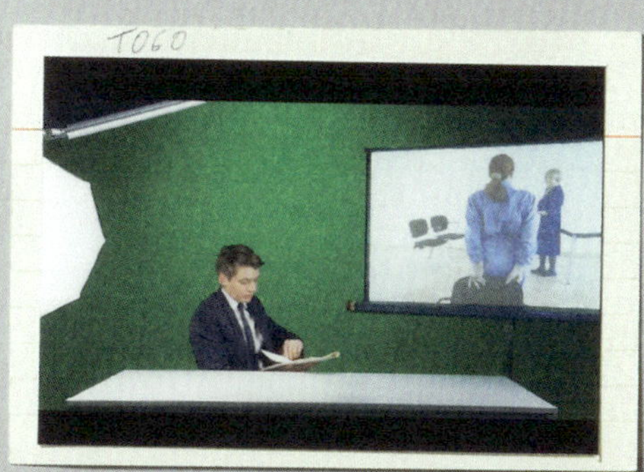
T060

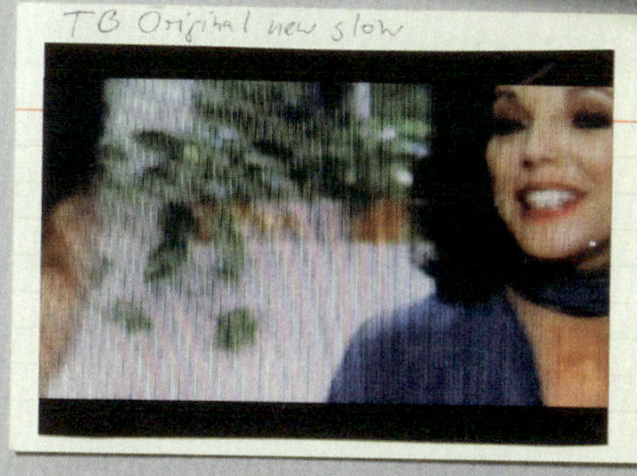
TB Original new slow

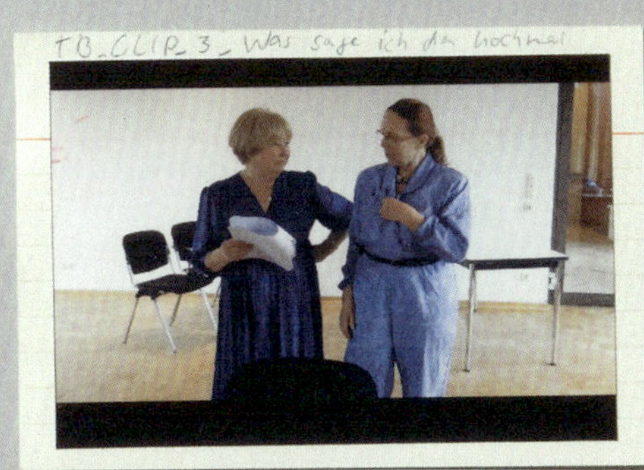
TB-CLIP-3, Was sage ich da bloß mal

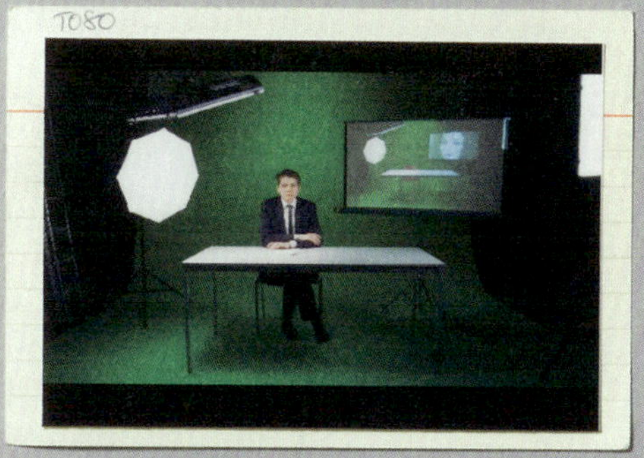
T080

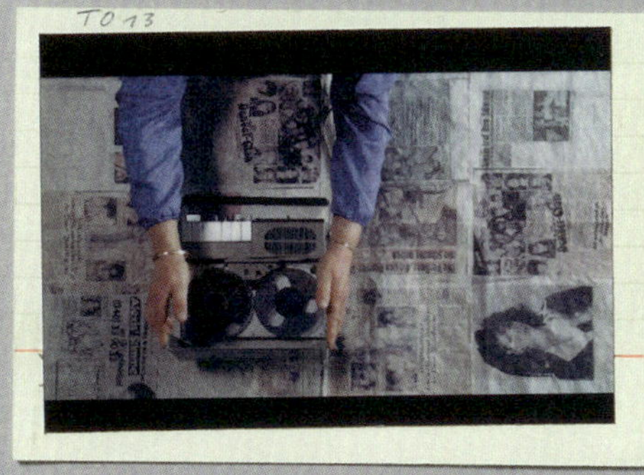
T013

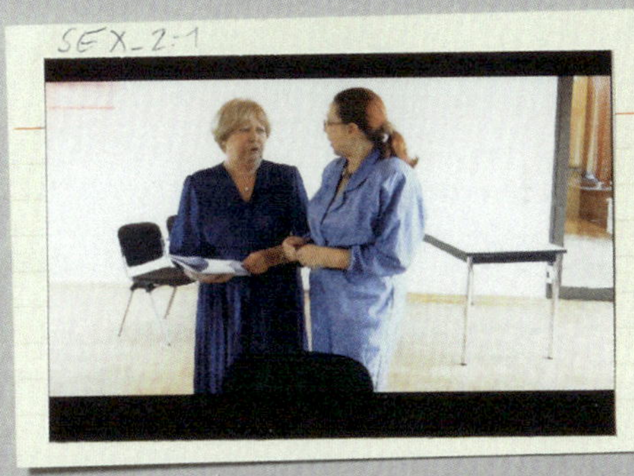
SEX-2-1

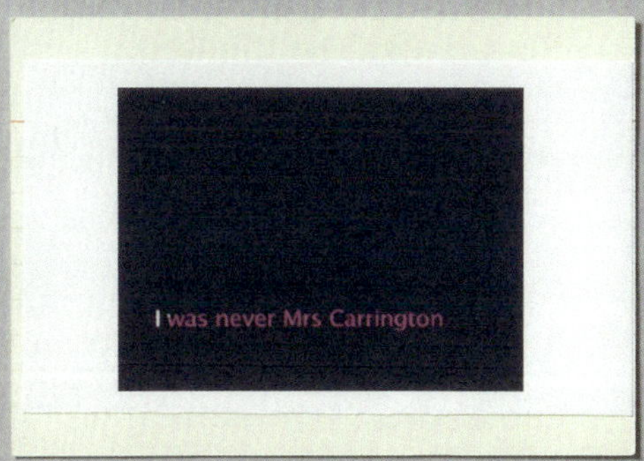
I was never Mrs Carrington

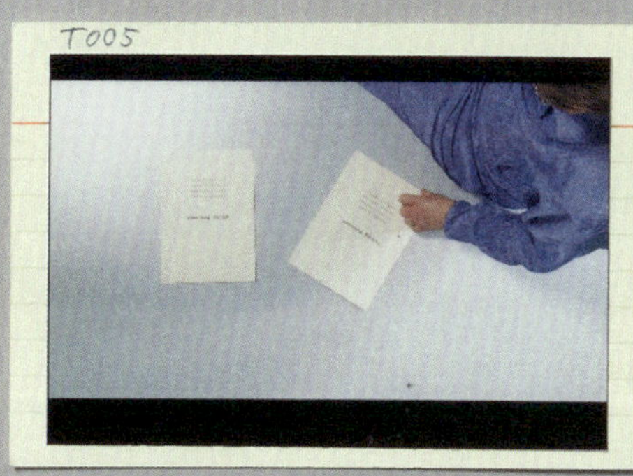
T005

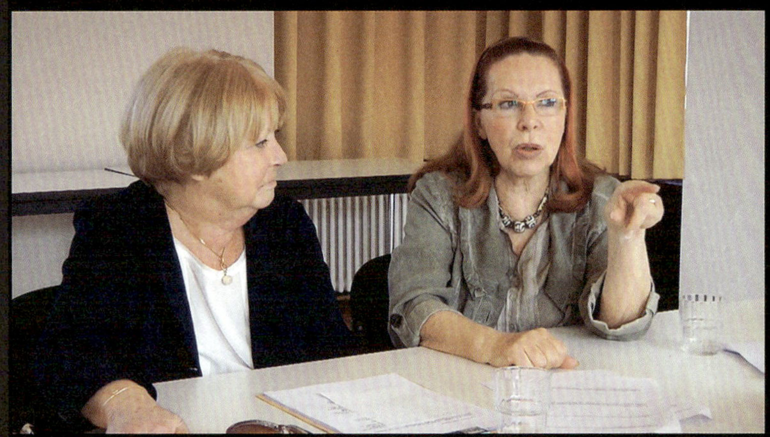

"It'll snow in hell before I see you again"

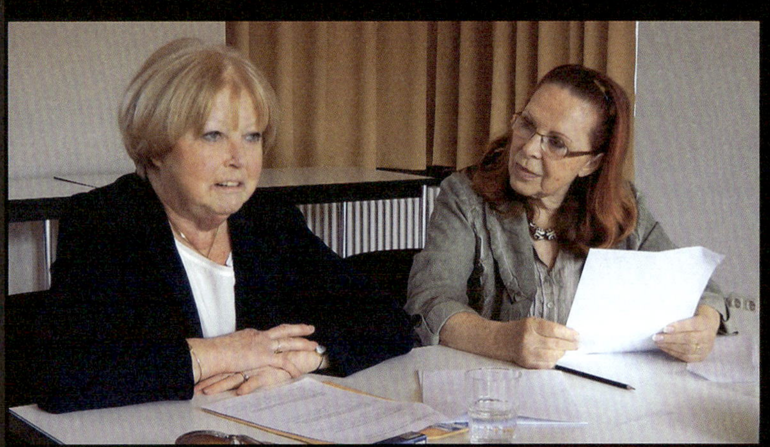

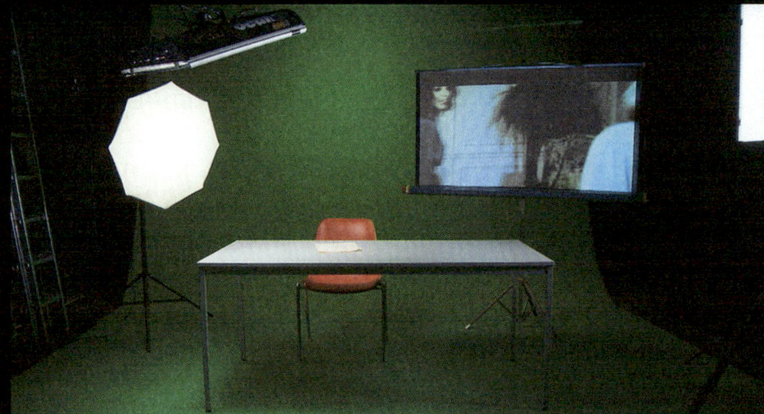

have filmed 'with face' more

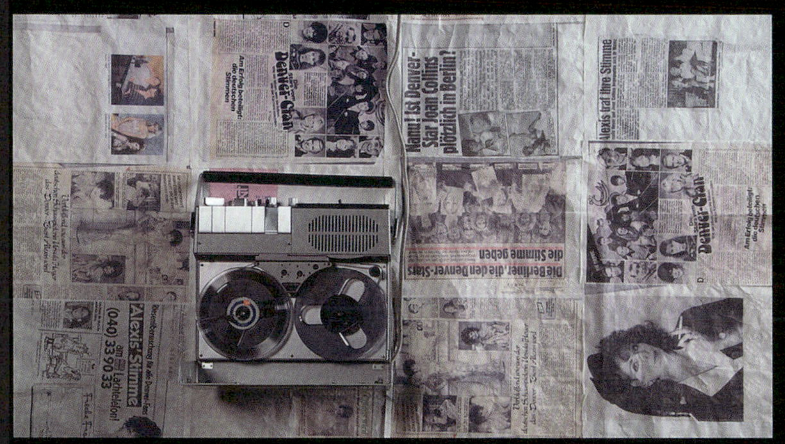
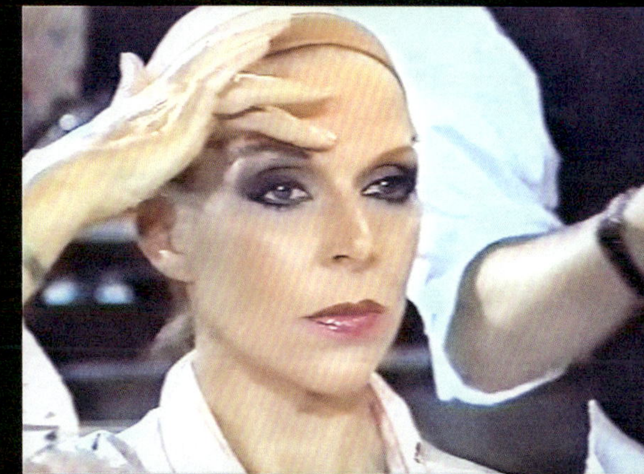

competitive situation

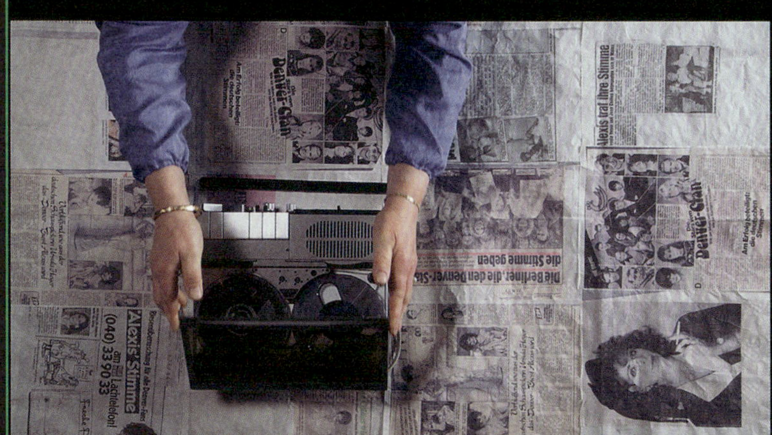
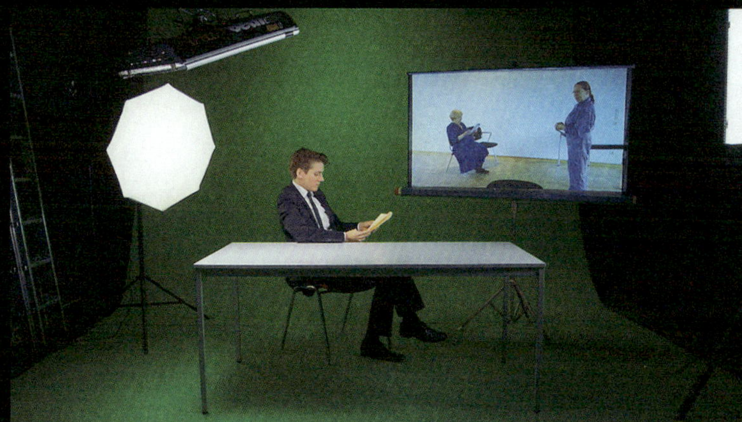

And then what do I say?

ich muss mit ihnen sprechen

30 cards stand on six wall-mounted aluminium rails. They carry short quotes from Hollywood films and US American TV series. "I have to talk to you", "You'd be surprised what we're all talking about", "What else is there to say?" or "I'd like to finish telling my story, if that's okay with you!" Next to the rows of cards is a monitor showing a loop of the German dubbed versions of the film and TV excerpts from which these quotes are taken.

An article in the British newspaper *The Times* about Yasmine Modestine's fight against racism in the French dubbing industry in 2009 was the starting point for research into casting practices in Germany. The stereotyping that is already present within the images in the films is heightened by the dubbing process. The voice actor Thomas Danneberg for example, is the voice for the action film genre parts played by Chuck Norris, Arnold Schwarzenegger, Sylvester Stallone as well as Nick Nolte for the German speaking audience. The casting policies of the German dubbing industry lead to the conclusion that being Black or nonwhite and female is also a single category that can be dubbed by one voice, namely the white voice actor Regina Lemnitz. The found footage piece *ich muss mit ihnen sprechen* comprises a selection of over 40 mainly US American actors that Lemnitz has dubbed in scenes in which the character addresses the voice or the act of speaking. The brevity of the video loop reflects the fact that substantial Black female speaking rôles still almost never appear in the white and male-dominated Hollywood film output. As Madeleine Bernstorff succinctly put it in the catalogue of the Stuttgarter Filmwinter in 2016, "A miniature. The sentences of Black female actors from mainstream film and TV all dubbed by the same voice artist. A constant raising of the voice and starting to speak that questions acts of speech and empowerment".

ich muss mit ihnen sprechen (I have to talk to you, 2015/2018), 1'35''
Video installation, flat screen monitor, headphones, 30 cards with text on 3 aluminium rails
Videoinstallation, Flachbildmonitor, Kopfhörer, 30 Textkarten auf 3 Aluminium-Schienen

30 Kartonkarten stehen auf sechs an der Wand angebrachten Aluschienen. Auf den Karten sind kurze Zitate aus Hollywood-Filmen und US-amerikanischen TV-Serien zu lesen: „I have to talk to you; You'd be surprised what we're all talking about; What else is there to say?" oder „I'd like to finish telling my story, if that's okay with you!" Neben den Kartenreihen laufen auf einem Monitor die deutschsprachigen Synchronversionen der zu einem Videoloop montierten Clips, aus denen die Texte stammen. Ein Artikel in der britischen *Times* über Yasmine Modestines Kämpfe gegen Rassismen in der französischen Synchronbranche im Jahr 2009 gab den Anlass zu Recherchen über Synchron-Besetzungspraxen in Deutschland. Stereotypisierungen, die schon auf der filmischen Bildebene angelegt sind, werden durch den Synchronisierungsprozess zugespitzt. So interpretiert beispielsweise der Sprecher Thomas Danneberg im US-amerikanischen Actionfilm-Genre die Stimmen der Schauspieler Chuck Norris, Arnold Schwarzenegger, Sylvester Stallone und Nick Nolte für das deutschsprachige Publikum. Die Besetzungspolitiken der Synchronbranche in Deutschland lassen nur den Schluss zu, dass Schwarz oder nicht *weiß* und weiblich zu sein ebenfalls als eine Kategorie gelesen wird, die mit einer einzigen Stimme abgedeckt werden kann — mit der *weißen* Stimme der Sprecherin Regina Lemnitz.

Die Found-Footage-Arbeit *ich muss mit ihnen sprechen* zeigt eine Auswahl der über 40, vorwiegend US-amerikanischen Schauspielerinnen, die Lemnitz synchronisiert hat, in Szenen, in denen die Filmfigur sich über den Akt des Sprechens äußert oder die Stimme selbst thematisiert. Die Kürze des Loops spiegelt dabei auch die Tatsache wider, dass Schwarze weibliche Sprechrollen mit umfangreicherem Textanteil im weiterhin sehr *weißen* und männlich dominierten Hollywood so gut wie nicht vorkommen. So fasst auch die Kuratorin Madeleine Bernstorff im Katalog des Stuttgarter Filmwinters 2016 kurz und knapp zusammen: „Eine Miniatur: von einer Synchronsprecherin ins Deutsche gedubbte Sätze schwarzer Schauspielerinnen in Mainstream-Film und TV. Ein dauerndes Anheben und Ansetzen, das die Frage nach Sprechakten und Ermächtigung stellt."

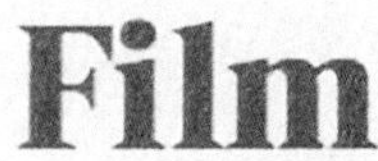

THE TIMES
Film

Welcome to your preview of The Times

French film industry racist for barring black actors from dubbing white stars

Adam Sage in Paris
Published at 12:00AM, January 2 2009

Post a comment

Print

Share via

f Facebook

y Twitter

g+ Google+

The French film industry has been found guilty of racism for preventing black actors from dubbing white stars in Gallic versions of English-language movies.

An inquiry ruled that casting directors regularly excluded black applicants in the belief that they had a distinctive tone of voice unsuitable for dubbing white parts. The findings come amid claims that the failure to promote black stars in films and other media is contributing to a wider segregation in French society.

The Higher Authority for the Fight Against Discrimination and for Equality (Halde), France's equivalent of the Commission for Racial

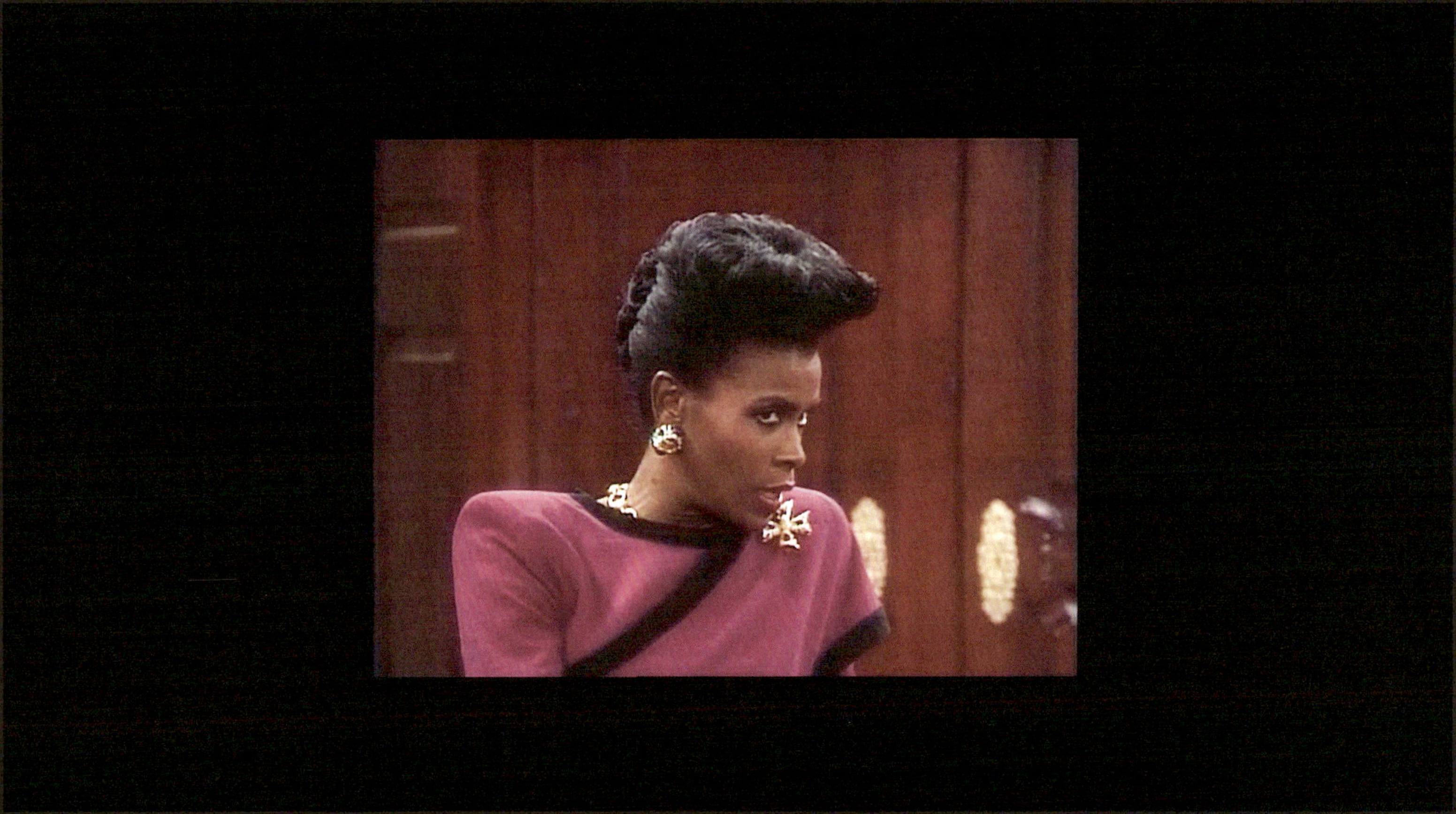

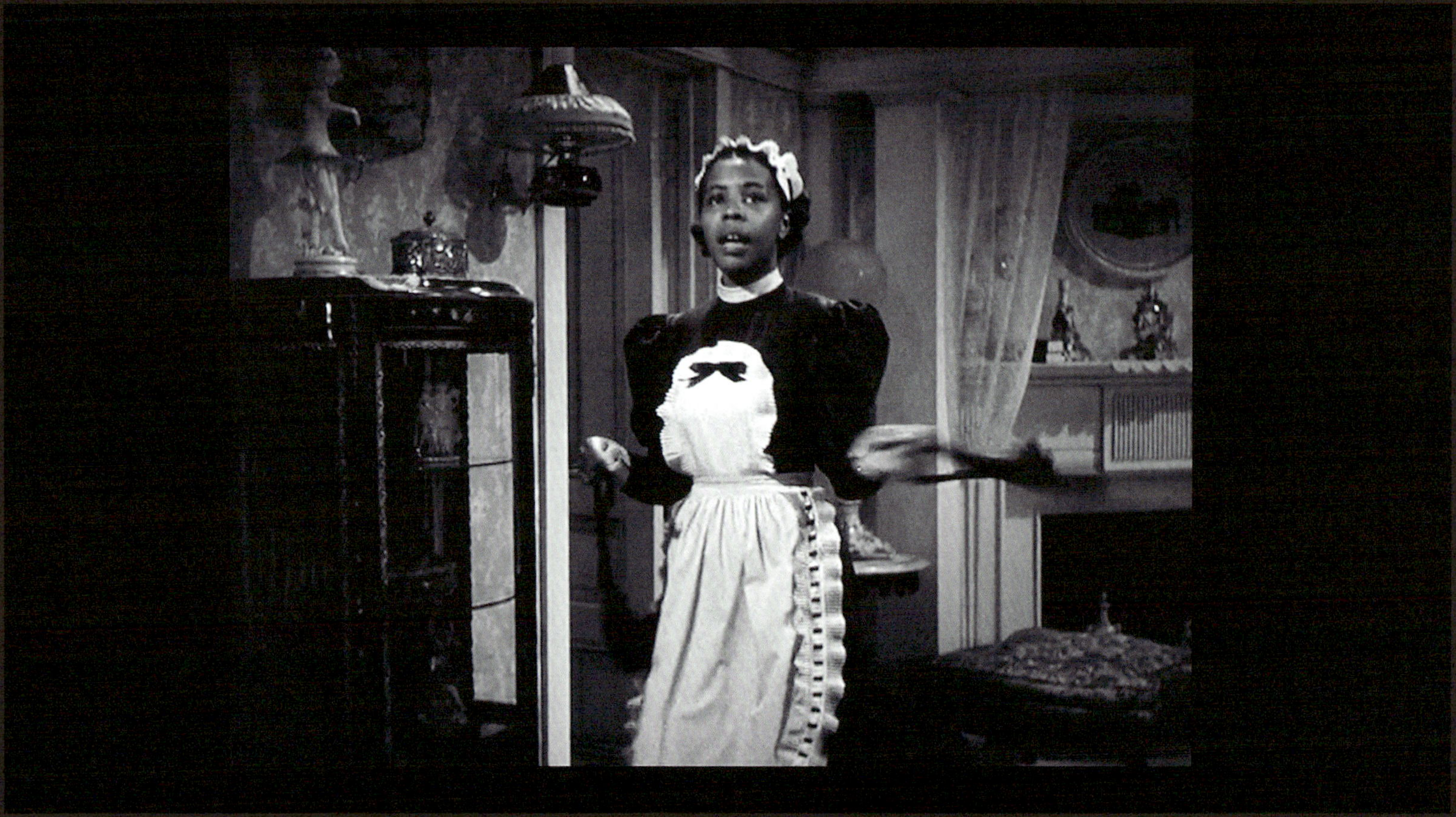

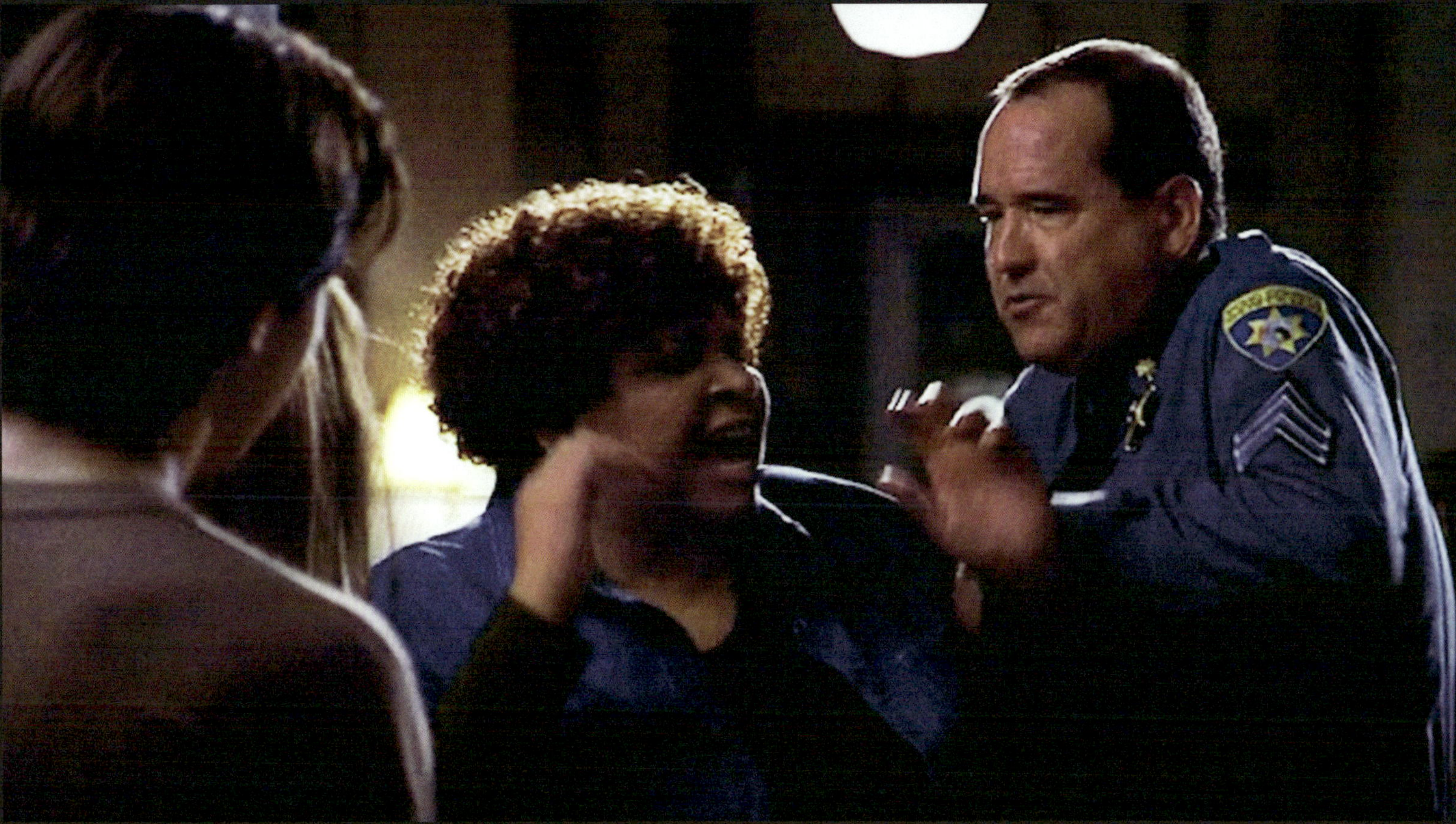

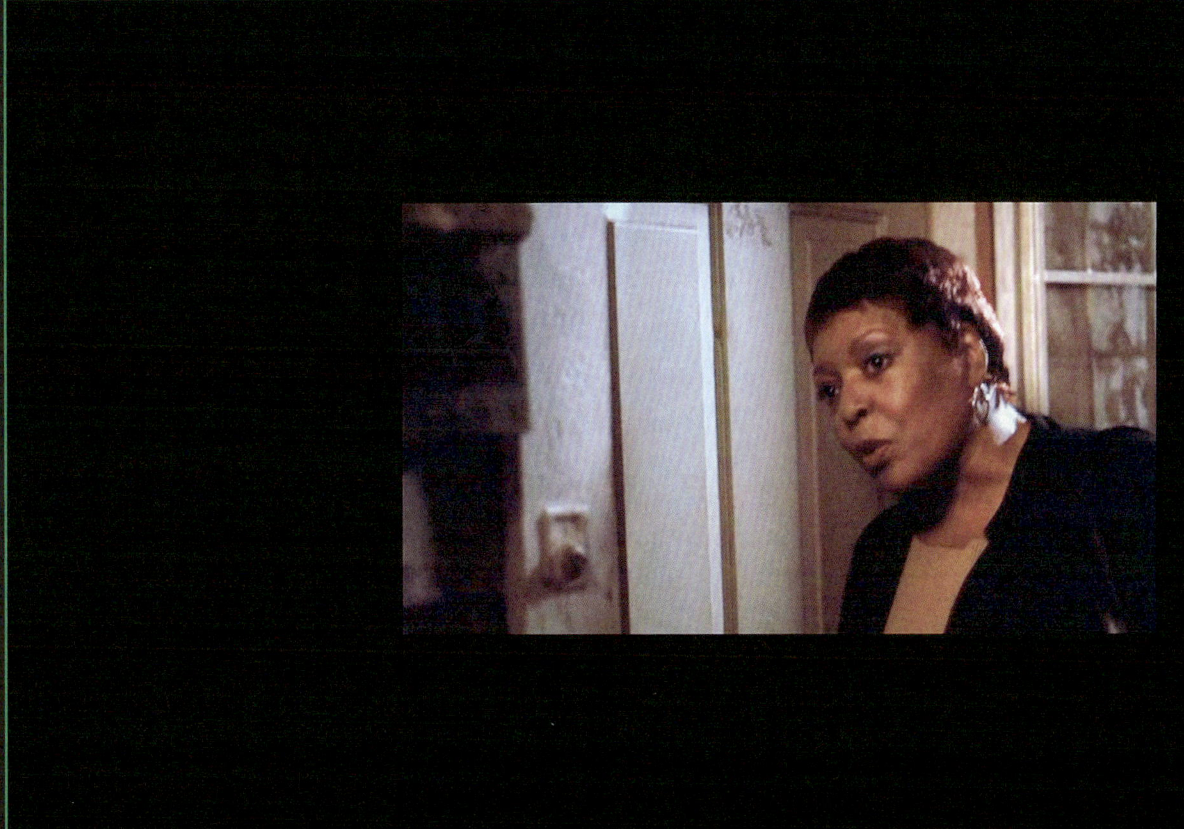

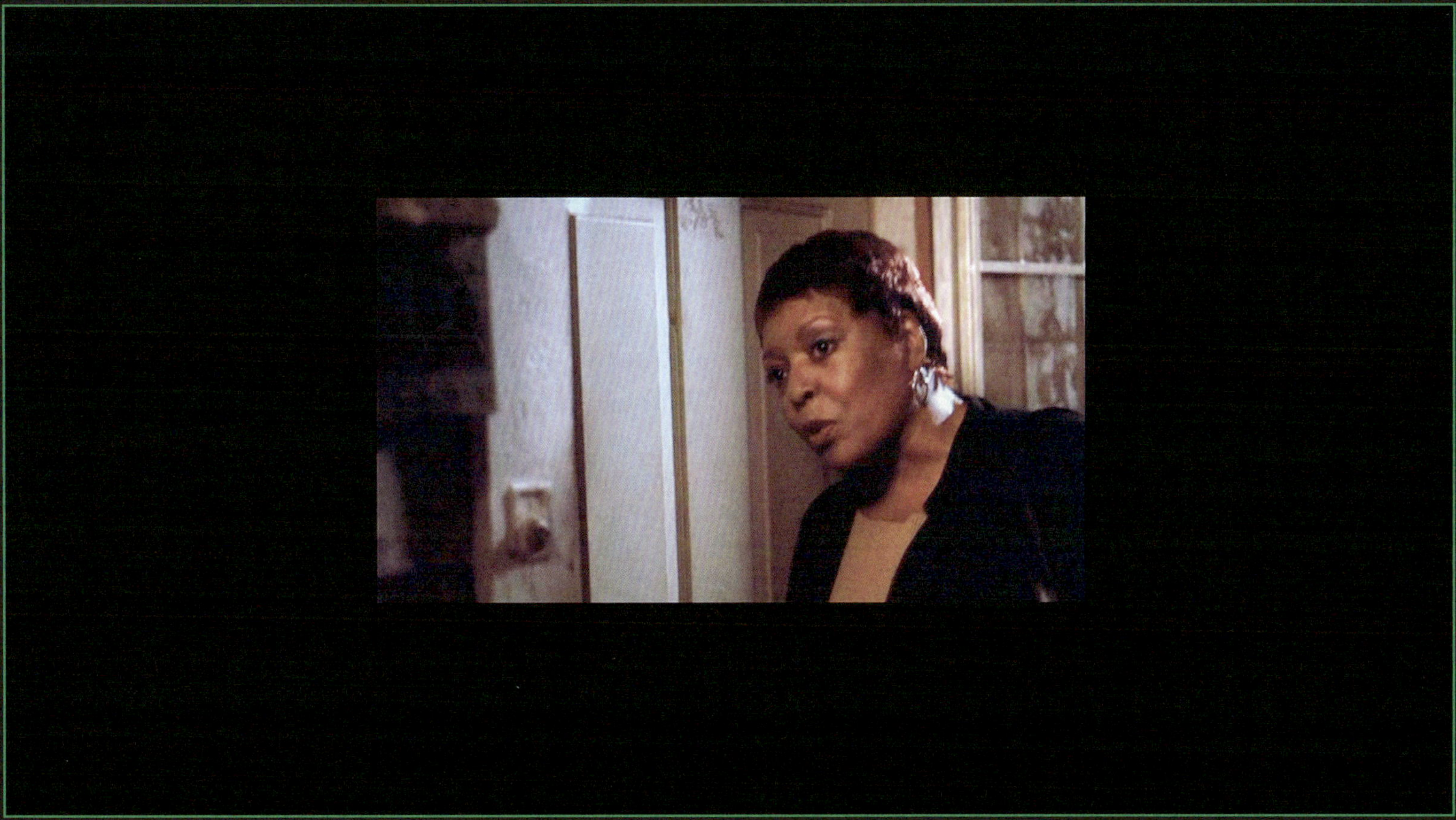

2'00" Loop version

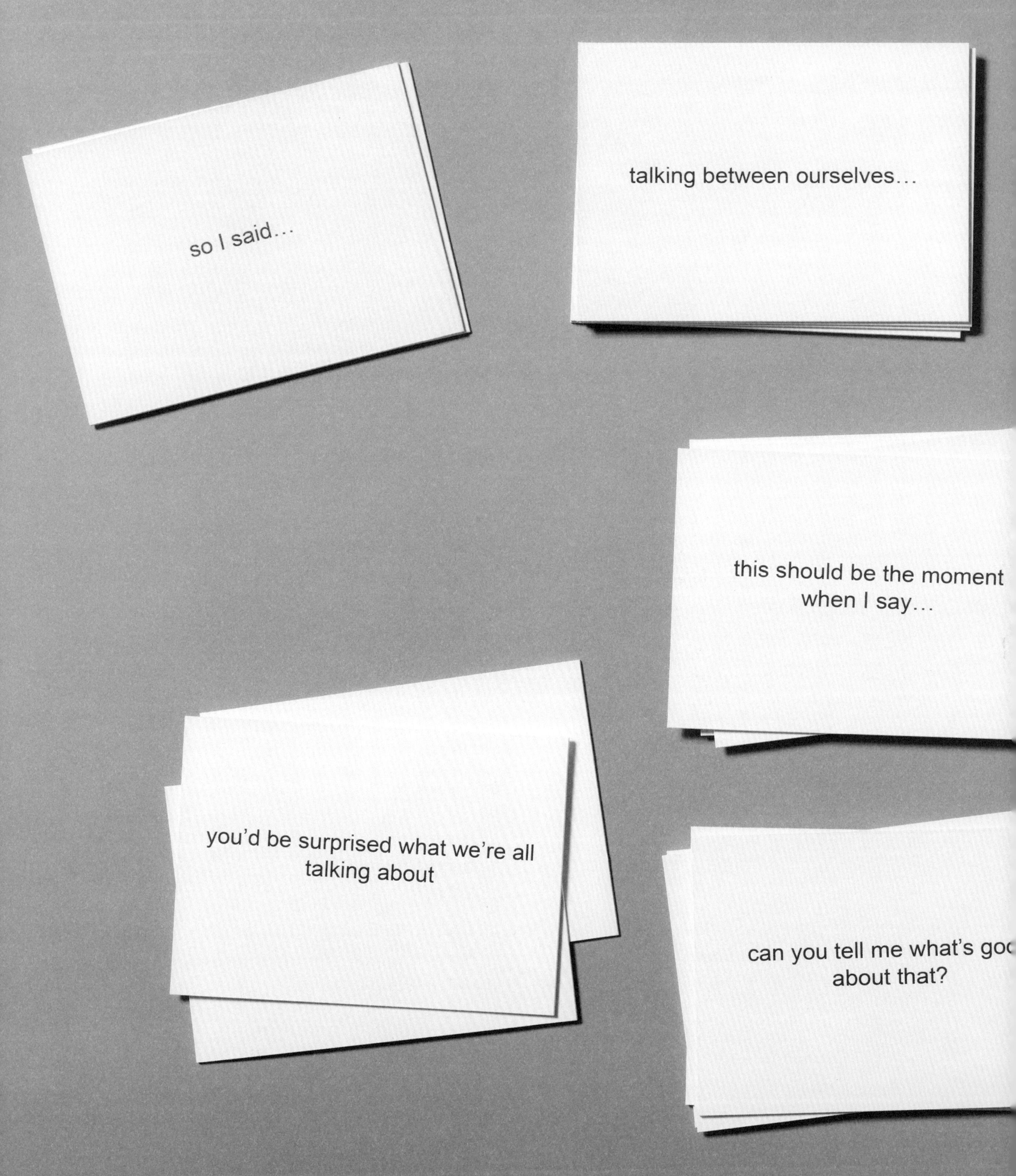

so I said…
talking between ourselves…
this should be the moment when I say…
you'd be surprised what we're all talking about
can you tell me what's goo about that?

I have to talk to you

I'd like to finish telling my story,
if that's okay with you!

(Akustisches) Racial Profiling

Yasmine Modestine

Un (acoustique) délit de faciès

Yasmine Modestine

A████████████
C███████████
5████
7████

Paris, lundi 19 février 2007

A la H.A.L.D.E
11 rue Saint Georges
75009 Paris

Madame, Monsieur

Je suis comédienne métisse, issue du Conservatoire National Supérieur d'art dramatique. Je travaillais le vendredi 16 avec une directrice de doublage ████████████ pour la société Nice Fellow sur une série américaine Studio 60. Nous étions deux comédiens de couleur sur la douzaine de comédiens convoqués, ████████ et moi. Au cours de la journée, la directrice de plateau demande à tous si nous sommes libres le 20 mars prochain pour faire la suite des ambiances petits rôles. Chacun répond qui oui, qui non, j'étais libre, ████████ l'était aussi et nous notons dans nos agendas le 20 mars. En fin d'après-midi la majorité a terminé et s'en va. Nous restons en comité restreint sur le plateau. Avant de recommencer à travailler la directrice de plateau s'adresse à ████ et moi en ces termes : « Je ne sais pas si je vais avoir besoin de vous le 20 mars. Je ne sais pas s'il y a des gens comme vous sur le prochain épisode, je ne peux pas vous mettre sur tout car vous avez des voix spéciales. »
Je n'ai pas réagi parce que c'est trop de douleur et une honte soudaine d'être « spéciale » et aussi parce que dans le doublage, il y a cette croyance que le timbre est lié à la couleur de peau et que « les Blacks » ont des « voix de Blacks ». Mais étrangement les Blancs peuvent doubler les comédiens Noirs, rarement l'inverse. ████ a réagit, disant « qu'il pouvait aussi doubler les voix des Blancs. » Elle a éludé le sujet arguant qu'elle savait qu'il y avait en revanche beaucoup d'Asiatiques dans le prochain épisode et qu'elle ne savait pas comment elle allait faire. Or elle fait revenir les comédiens Blancs. Donc elle sait comment elle va faire. Les comédiens blancs sont les seuls à être universel.
On peut comprendre qu'en doublage, on essaie de se rapprocher le plus possible de la voix originale, mais la couleur de peau n'a rien à voir et d'ailleurs Denzel Washington est souvent doublé par un blanc. Mon timbre de voix a souvent été comparé à celui de Fanny Ardant lorsque je travaille pour la radio. ████ et moi sommes nés en France, avons grandi en France, fait nos études en France et personne ne peut savoir la couleur de notre peau en nous entendant.
Nous avons été éliminés sur un critère physique fondé sur le préjugé de « couleur » et « la » voix des gens de « couleurs .»

Le dimanche 18, j'ai laissé un message à ████████████ pour essayer d'ouvrir le dialogue en lui expliquant qu'on nous avions été choqués d'être ainsi marginalisés, que ma

mère était Blanche, que j'avais la voix de ma mère et que c'était dommage d'avoir à dire cela car la voix était avant tout physiologique et culturelle, qu'██████ et moi n'avions pas d'accent qui puisse nous identifier à un ailleurs quelconque.

Elle a retourné un message me disant que je ne travaillerai plus avec elle. Que nous n'avions rien compris, elle prenait d'autres comédiens « pour faire tourner ». Or étrangement elle ne ferait « tourner » que les deux seuls comédiens de couleur de la journée du 16 ? Pourquoi nous seulement ? Pourquoi avoir attendu d'être en petit comité pour nous éliminer ? Pourquoi ne pas nous avoir discriminés devant tous au moment où elle nous a demandé si nous pouvions venir le 20 mars ?

Elle a également.

Fort heureusement nous étions deux et nous avons vécu et entendu la même chose. Etaient également présents l'ingénieur du son, son assistant et les deux ou trois autres comédiens restés avec nous. C'est assez facile de vérifier auprès de la société Nice Fellow et de comparer la présence des comédiens du 16 février et ceux du 20 mars prochain et de s'apercevoir que nous manquons. C'est aussi assez de reprendre la liste des comédiens présents le 16 février pour attester que ██████████████ avait bien demandé à tous si nous étions libres le 20 mars prochain.

Je ne sais pas hélas si les personnes blanches présentes après que la majorité soit partie, auraient envie d'attester la véracité de nos propos car le métier de comédien comme tout métier précaire engendre le silence et la peur et personne n'a protesté sur l'instant.

Il s'agit bien de discrimination à l'embauche, assimilable à un « délit de faciès ».

Bien souvent les premiers rôles joués par des comédiens Noirs américains dans les séries sont doubler par des comédiens blancs.

J'espère que vous prendrez notre lettre en considération, le milieu du doublage est un milieu très particulier du milieu d'acteur où la couleur encore trop souvent discriminante. Mais alors si la voix devint aussi discriminante, on ne travaille plus.

Veuillez agréer Madame, Monsieur, l'expression de mes respectueuses salutations.

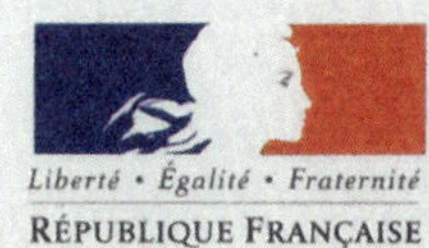

HAUTE AUTORITÉ DE LUTTE CONTRE LES DISCRIMINATIONS ET POUR L'ÉGALITÉ

Direction des affaires juridiques

Paris, le **13 AVR. 2007**

N/Réf : HE-GO/MODESTINE/2007-1816-001

Madame,

J'ai bien reçu votre lettre du 19/02/2007, par laquelle vous saisissez la haute autorité de lutte contre les discriminations et pour l'égalité. Elle fera l'objet d'un examen attentif. J'appelle votre attention sur le fait que les délais de traitement d'un dossier varient selon sa difficulté et sa complexité.

Je vous remercie de me faire connaître vos coordonnées téléphoniques et les heures auxquelles il est possible de vous joindre.

Je ne manquerai pas de vous informer de l'évolution donnée à votre demande au regard de la compétence de la haute autorité qui porte sur toutes les discriminations, directes ou indirectes prohibées par la loi.

Si vous avez, d'ores et déjà, contacté un avocat pour le suivi de ce dossier, je vous serais reconnaissante de bien vouloir me faire connaître ses coordonnées.

Par ailleurs, je vous rappelle que la saisine de la haute autorité n'interrompt pas les délais de prescription des actions civiles ou pénales et des recours administratifs et contentieux, si vous souhaitez faire valoir vos droits dans le cadre de l'une ou l'autre de ces procédures.

Je vous prie de recevoir, Madame, mes salutations les meilleures.

Pour le directeur juridique
et par délégation,
La chef du pôle emploi privé

Sylvie KERN

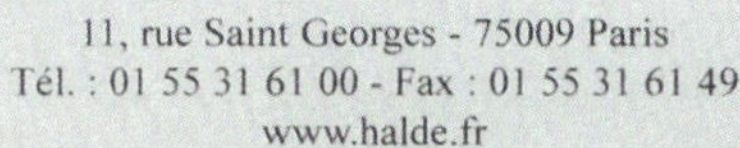

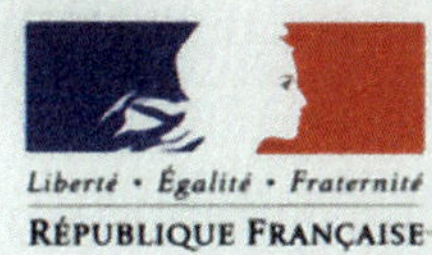

HAUTE AUTORITÉ DE LUTTE CONTRE LES DISCRIMINATIONS ET POUR L'ÉGALITÉ

Le Président

Paris, le   **0 3 DEC. 2007**

N/REF : EL-BR / MODESTINE / 2007-1816-001

Madame,

J'ai bien reçu votre courrier du 19 février 2007 concernant les situations que vous décrivez et que vous estimez discriminatoires.

Comme vous le savez, la haute autorité de lutte contre les discriminations et pour l'égalité est compétente pour traiter toutes les discriminations, directes ou indirectes, prohibées par la loi, et examine dans ce cadre les cas individuels qui lui sont soumis par toute personne s'estimant victime de discrimination.

Or, après un examen attentif de votre dossier, il apparaît que votre situation ne permet pas d'établir une discrimination à votre égard.

Je dois donc vous informer que la haute autorité ne peut donner suite à votre réclamation.

Je vous prie de recevoir, Madame, mes hommages respectueux.

Pour le Président et par délégation
Le Directeur juridique

Luc FERRAND

11, rue Saint Georges - 75009 Paris
Tél. : 01 55 31 61 00 - Fax : 01 55 31 61 49
www.halde.fr

A monsieur LOUIS SCHWEIZER
Président de la HALDE

PARIS, LE 15 janvier 2008

Monsieur,

Je suis très surprise par votre réponse du 3 décembre dernier du concernant la discrimination
dont j'ai fait l'objet le 16 février 2008.

Ainsi aucune confrontation n'a eu lieu entre les personnes citées et moi, de même que lorsque
j'ai informé la HALDE d'un courrier reçu de Warner Bros, personne ne m'a rappelée pour
verser ce courrier au dossier. Donc j'en conclus que l'instruction de ma plainte a été baclée.

J'ai téléphoné dès réception de votre courrier du 3 décembre pour avoir plus amples
informations quant à ce qui motive cette décision de la HALDE de considérer ma plainte
comme n'étant pas de la discrimination.

Je n'ai pu obtenir le service juridique.

Je vous écris donc pour connaître les motivations de votre décision, la HALDE ne pouvant se
limiter à une décision de rejet non motivée. Car la loi N 0 2001-1066 du 16 novembre relative
à la lutte contre les discriminations a apporté un aménagement de la charge de la preuve.
L'employeur accusé de la discrimination doit prouver que sa décision n'est pas fondée par un
motif discriminatoire.

Je vous rappelle que nous étions deux à être discriminés et que même si Monsieur███████a eu
peur de ne plus travailler par la suite, il m'a donné son accord par écrit dont j'ai la trace pour
signaler cette discrimination à vos services et a reconnu auprès du service juridique de SOS
racisme que cette discrimination dont nous avons été l'objet le 16 février 2007 était une
pratique courante dans le doublage.

Je suis très étonnée de l'absence de traitement de mon dossier de la HALDE qui se dit
pourtant « compétente quant à la lutte contre les discriminations »

Dans l'attente d'un courrier plus détaillée, recevez Monsieur mes salutations.

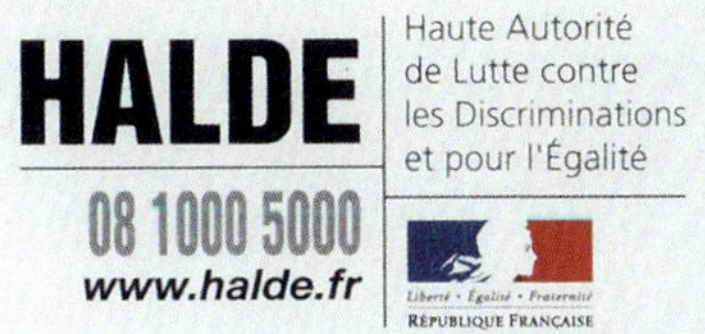

Paris, le 29 décembre 2008

Communiqué de presse

Prévention des discriminations dans le doublage :

La HALDE rappelle que le choix d'un comédien-doubleur doit se faire en fonction de la qualité de sa voix et de sa compétence, et non en raison de sa couleur de peau ou de son origine.

La HALDE a été saisie par une comédienne métisse estimant avoir été écartée d'une session de doublage en raison de son origine.

L'enquête de la HALDE a révélé l'existence de préjugés selon lesquels « les comédiens-doubleurs noirs ne pourraient doubler que des comédiens noirs, contrairement aux comédiens-doubleurs blancs qui auraient une voix universelle ».

La HALDE adresse un rappel à la loi aux responsables du doublage de la société mise en cause.

La HALDE recommande à la Fédération des industries du Cinéma, de l'Audiovisuel et du Multimédia (FICAM) ainsi qu'à l'Union des sociétés de doublage, de diffuser une information sur le principe de non-discrimination, et de mettre en œuvre des actions de formation pour les directeurs de plateau.

La HALDE transmet également sa délibération à la Ministre de la Culture et de la Communication, au HCI, au CSA et au CNC.

En PJ : la délibération de la HALDE.

Contact presse : Mayada Boulos - 01 55 31 61 36

Contextualisation

In 2007, the singer, actor, author and voice artist Yasmine Modestine lodged her
first formal complaint about the discriminatory practices of the French dubbing
industry against Black people. The protest was prompted by an incident in connection with the dubbing of a US American series which she and a dozen other voice
artists were invited to work on. When the rôles were announced for the next
working date by the recording producer, Yasmine Modestine and another voice
artist of colour were not called. Instead, they were told that it was unclear whether
people 'like them' would appear in subsequent episodes and that both of them
were not eligible for any of the other rôles on account of their 'special' voices,
which could not be used universally. After this assertion, Yasmine Modestine and
her colleague left to silence from the white voice artists in the room, as she reported
in a newspaper article a year later[1]. She subsequently complained about the
incident to the studio management, explaining how hurtful the situation was for
her, knowing that this would exclude her from future engagements. Experiences of
discrimination by nonwhite voice artists within the dubbing industry are no excep-
tion but rather the rule. As Modestine points out, that within this racist casting
policy by the French dubbing industry it is perfectly usual that the Black Hollywood
actress Halle Berry is interpreted by a white voice artist, but a white actress like
Julia Roberts would never be dubbed by a Black artist.

Kontextualisierung

2007 erhob die Sängerin, Schauspielerin, Autorin und Synchronschauspielerin Yasmine Modestine erstmals öffentlich Beschwerde gegen die diskriminierenden Praxen der französischen Synchronbranche gegenüber Schwarzen Menschen. Auslöser ihres Protests war ein Vorfall in Zusammenhang mit Synchronaufnahmen für eine US-amerikanische Serie, zu denen sie neben einem Dutzend anderer Sprecher*innen eingeladen war. Als die Sprechrollen für den nächsten Synchrontermin von der Aufnahmeleiterin vergeben wurden, gingen Yasmine Modestine und ein weiterer nicht *weißer* Sprecher leer aus. Ihnen wurde stattdessen mitgeteilt, dass es unklar sei, ob in den weiteren Episoden Leute „wie sie" überhaupt vorkommen würden und, dass sie beide – aufgrund ihrer „besonderen" Stimmen – für andere Rollen ungeeignet und dem-

entsprechend nicht für alles zu besetzen seien, so die Aufnahmeleiterin. Nach dieser Aussage verließen Yasmine Modestine und ihr Kollege unter dem Schweigen der *weißen* Sprecher*innen den Raum, wie Modestine ein Jahr später auch in einem Zeitungsartikel berichtet.[1] Infolge des Zwischenfalls beschwerte sie sich bei der Leitung des Studios und legte dar, wie verletzend die Situation für sie war – in dem Bewusstsein, dass dieser Schritt sie von zukünftigen Buchungen ausschließen würde. Diskriminierende Erfahrungen nicht *weißer* Sprecher*innen innerhalb der Synchronbranche sind keine Ausnahme, sondern Alltag. Deutlich werde die rassistische Besetzungspolitik der französischen Synchronindustrie auch dadurch, dass die Schwarze Hollywood-Schauspielerin Halle Berry ganz selbstverständlich von einer *weißen* Sprecherin inter-

As a result of her complaint being ignored, Modestine repeatedly wrote to the highest anti-discrimination authority in France at the time, Haute Autorité de lutte contre les discriminations et pour l'égalité (HALDE), to highlight the discriminatory, racist practices of the French film and dubbing industry. She called on the authority to address this structural discrimination to ensure that nonwhite voice artists can be cast for rôles regardless of skin colour and thus have the same working conditions as white voice artists[2]. After these challenges were also ignored, and the authority decided against further action[3], Modestine tried to contact newspapers, state cultural radio stations and television—also without success. Finally she turned to the Haut Conseil à l'intégration (High Commission for Integration or HCI), the then president of which, Blandine Kriegel, demanded that HALDE take up Modestine's complaint seriously and without delay. At the same time the Conseil représentatif des associations noires de France (CRAN, Representative Council of France's Black Associations) expressed solidarity with Modestine. Shortly afterwards the first newspaper article appeared about Modestine and what was happening in the French dubbing industry, written by Olivier Toscers in *Le Nouvel Observateur*[4]. Only after this article brought the case to the attention of the international press did HALDE finally address the case and decide that the charge of widespread racial discrimination in the dubbing industry was justified[5].

In Germany too, there were and remain today almost no reservations about casting a white voice artist to dub an Afro-American actor. The voice of Whoopi Goldberg, for example, has been dubbed by the same white voice artist since *The Color Purple* (1985). As well as Goldberg, this same voice has been used to dub at least 40 other nonwhite actors of all ages, physiques and classes.

Yasmine Modestine's struggles against discrimination in the workplace form the starting point of the following conversation in October 2020 with the German actor and voice artist Dela Dabulamanzi about the working processes of film dubbing and above all about the racism within this branch of the film and television industry in Germany. This conversation was originally due to have taken place with Yasmine Modestine as well but as a result of the COVID-19 pandemic, she unfortunately had to cancel her participation at short notice. The content of the contextualisation is based on a preliminary conversation I had with Yasmine Modestine in August 2020.

Kerstin Honeit

1 Yasmine Modestine, 'Le métier du doublage a un problemé avec la couleur', in: *RUE89* (17 April 2008).

2 Yasmine Modestine, complaint letter to HALDE – Haute Autorité de lutte contre les discriminations et pour l'égalité (19 February 2007), see pp. 52–53 in this volume.

3 HALDE, formal refusal to pursue Yasmine Modestine's complaint (3 December 2007), see p. 55 in this volume.

4 Olivier Toscer, 'Discrimination dans le cinéma français: Le dossier ‚noir' du doublage', in: *Le Nouvel Observateur* (15 February 2008).

5 HALDE, press release and verdict (29 December 2008), see p. 57 in this volume.

pretiert werde, eine *weiße* Darstellerin wie Julia Roberts aber niemals von einer Schwarzen Sprecherin, wie Modestine in einem Gespräch in Zusammenhang mit der vorliegenden Publikation hervorhob.

Da ihre Beschwerden konsequenzlos blieben, schrieb Modestine wiederholt die damals höchste Antidiskriminierungsbehörde Frankreichs (HALDE – Haute Autorité de lutte contre les discriminations et pour l'égalité) an, um auf die diskriminierenden rassistischen Praxen innerhalb der französischen Synchron- beziehungsweise Filmindustrien zu verweisen. Sie forderte die Behörde auf, sich dieser strukturellen Diskriminierung anzunehmen, damit auch nicht *weiße* Sprecher*innen für Rollen unabhängig von ihrer Hautfarbe besetzt werden und folglich die gleichen Arbeitsbedingungen und Zugänge wie *weiße* Sprecher*innen haben.[2] Als diese Forderung unbeachtet blieb und eine Weiterverfolgung der Vorfälle abgelehnt wurde,[3] suchte Modestine den Kontakt zu Zeitungen, dem staatlichen Kulturradio und dem Fernsehen – aber auch dies ohne Erfolg. Schließlich wandte sie sich an das hohe Komitee für Integration (HCI – Haut Conseil à l'intégration), deren damalige Präsidentin Blandine Kriegel die HALDE aufforderte, sich Modestines Klage unverzüglich und ernsthaft anzunehmen. Gleichzeitig solidarisierte sich auch der repräsentative Rat der Schwarzen Verbände in Frankreich (CRAN – Conseil représentatif des associations noires de France) mit Modestine. Kurz darauf erschien ein erster Artikel über Modestine und die Vorgänge innerhalb der französischen Synchronbranche in dem französischen Nachrichtenmagazin *Le Nouvel Observateur*.[4] Erst als infolge dieses Berichts von Olivier Toscer auch die internationale Presse auf Yasmine Modestines Anklage aufmerksam wurde, befasst sich die HALDE mit dem Fall und entschied, dass der Vorwurf einer weit verbreiteten rassistischen Diskriminierung im Synchronsektor gerechtfertigt sei.[5]

Auch in Deutschland gab und gibt es oft keinerlei Bedenken, wenn eine *weiße* Sprecher*in beispielsweise eine afroamerikanische Person synchronisiert. So wird etwa die Stimme von Whoopi Goldberg seit dem Film *The Color Purple* (1985) von einer *weißen* Synchronsprecherin synchronisiert. Eben diese Stimme hat neben Goldberg mindestens 40 weitere afroamerikanische und nicht *weiße* Schauspielerinnen gesprochen, egal welchen Alters, egal welcher Statur, egal welcher Klasse.

Yasmine Modestines Kämpfe gegen Diskriminierungen am Arbeitsplatz waren Anlass für ein Gespräch im Oktober 2020 mit der deutschen Schauspielerin und Synchronsprecherin Dela Dabulamanzi über Arbeitsprozesse in der Filmsynchronisation, vor allem aber über Rassismen innerhalb dieses Zweigs der deutschen Bewegtbildindustrie. Ursprünglich war vorgesehen, das Gespräch gemeinsam mit Yasmine Modestine zu führen. Aufgrund der COVID-19-Pandemie musste sie ihre Teilnahme jedoch kurzfristig absagen. Der Inhalt dieser Kontextualisierung beruht auf einem Vorgespräch, das ich mit Yasmine Modestine im August 2020 geführt habe.

Kerstin Honeit

1   Yasmine Modestine, „Le métier du doublage a un problemé avec la couleur", in: *RUE89* (17. April 2008).

2   Yasmine Modestine, Beschwerdebrief an die HALDE – Haute Autorité de Lutte contre les Discriminations et pour l'Égalité (19. Februar 2007), s. S. 52–53 in diesem Band.

3   HALDE, Schriftliche Ablehnung einer Weiterbearbeitung der Klage von Yasmine Modestine (3. Dezember 2007), s. S. 55 in diesem Band.

4   Olivier Toscer, „Discrimination dans le cinéma français: Le dossier ‚noir' du doublage", in: *Le Nouvel Observateur* (15. Februar 2008).

5   HALDE, Presseerklärung und Urteil (29. Dezember 2008), s. S. 57 in diesem Band.

We don't have to wait for Hollywood any more

Dela Dabulamanzi and Kerstin Honeit in conversation

Kerstin Honeit   I was first made aware in 2009 of the media interest that Yasmine Modestine sparked about the racist practices of the film dubbing industry in France in connection with my artistic research into the politics of the disembodied (film) voice. This was my starting point for an examination of racism in the German dubbing industry. Yasmine Modestine is a decisive pioneer in her efforts to make the discriminatory practices of the dubbing industry public for the first time, initiating a long-overdue debate not just in Europe but globally. Dela, let's take Yasmine's impressive fight of 15 years ago as the inspiration to turn to the current situation in Germany's dubbing industry. What is your impression of the state of the sector right now?

Dela Dabulamanzi   Well, I can actually start with something that happened now, I just had a telephone conversation with a female recording producer who asked, "Hey, do you know any other… dark-skinned… er, coloured… actors, voice artists…"

Es ist hinfällig, auf Hollywood zu warten

Dela Dabulamanzi und Kerstin Honeit im Gespräch

Kerstin Honeit Die von Yasmine Modestine ausgelöste mediale Beschäftigung mit rassistischen Praxen der Synchronbranche in Frankreich hat mich 2009 in Zusammenhang mit meiner künstlerischen Forschung zu Politiken der entkörperten (Film-)Stimme auf das Thema aufmerksam gemacht und bildet den Ausgangspunkt für eine Auseinandersetzung mit Rassismen in der deutschen Synchronindustrie. Als entscheidende Vorkämpferin hat Yasmine Modestine die diskriminierenden Praktiken in der Dubbing-Industrie erstmals öffentlich benannt und dadurch nicht nur in Europa, sondern weltweit eine längst überfällige Debatte mit auf den Weg gebracht. Dela, wir wollen diesen beeindruckenden Kampf von Yasmine vor 15 Jahren in Frankreich zum Anlass nehmen, den Fokus auf das Hier und Jetzt der deutschen Synchronbranche zu lenken. Was ist dein Eindruck, wo diese steht?

Dela Dabulamanzi Also ich fange mal so an: Gerade vorhin hatte ich noch ein Telefonat mit einer Aufnahmeleiterin, die mich fragte: „Sag mal, kennst du noch andere … dunkelhäutige … äh, farbige … Schauspieler, Sprecher …“ – sie tastete sich wirklich ganz langsam vor – „… die auch Interesse hätten, so etwas wie

— she was really feeling her way forward very slowly like that — "…who would also be interested to do something like a voice over? But who also speak… like you… good German?" She wanted me to give her names of other Black actors for voice jobs. That was just this morning, an hour ago. Even though there are extensive actor databases with lots of Afro-German actors on them, all talented and interested in voice work, there is still an impression that there are no Afro-German voice artists or even that this combination of 'Afro-' and 'German' simply doesn't exist. There is a seam running right through the performing arts industry in Germany with the theatre on one end, where there is now a little bit more happening in terms of the relevant discourse, to the film industry on the other, where there is very little. In my opinion, the dubbing industry lags most behind. When I was giving an interview a few months ago about the debate around the voices of *Simpsons* characters[1] I thought, "OK, I don't want to be the only one standing up here having to comment, I want to talk to other voice artists about this."

Kerstin   That's a classic — someone is plucked out of a minoritised group to be the advocate for everyone else in the community.

Dela   Exactly, tokenism — representing everyone else. In any case, I wanted to get in touch with other Black voice artists who had been in the business a long time. Finally I met a colleague who could talk in detail about his experiences of racism during his career as a voice artist, but only if behind closed doors. He didn't want the interview to be public, which is understandable. Dubbing is his artistic field as well as his day job, so going public with experiences of discrimination is naturally much more precarious for someone like him. Although I also enjoy doing voice acting[2] myself, I always feel more like a guest than a host. Dubbing means a lot pressure, and sadly sometimes there's also some kind of fear.

Kerstin   Can you elaborate on that more? As far as I understand it, dubbing is somewhat dodgy by its very nature, even looking at its history alone. Dubbing in Germany had its roots in the Nazi period after all, the National Socialist propaganda machine quickly adopted the technique for itself because it combined two practical advantages that served its interests. On the one hand, it was a sort of 'tribute' to the German language and on the other it was a hidden instrument of censorship. In dubbing you can literally put words into people's mouths. As well as this, the technique can eliminate all nuances that an actor brings with them, like a particular working class accent for example. That can't really be transposed.

Dela   Yes, that's true. Nevertheless, the process of dubbing is complex and the work is very demanding. The dialogue has to be faithfully translated but at the same time work with the lips. Then there's the performance in front of the microphone, where you have to get into the character as quickly as possible and represent them as an actor and voice artist as well as you can. Finding and portraying the nuances, doing the rôle as much justice as possible — that's a great art.

Kerstin   It is called a voice *artist* in English after all.

Voiceover zu machen? Die aber so sprechen wie … wie du … also gutes Deutsch?" Sie wollte, dass ich ihr Namen von Schwarzen Schauspieler*innen nenne, für Sprecher*innenjobs. Das war erst heute Morgen, vor einer Stunde. Obwohl es umfangreiche Schauspieler*innen-Datenbanken gibt und eine Menge afrodeutsche Schauspieler*innen, die Interesse und Talent hätten, Synchronarbeit zu machen, gibt es immer noch die Vorstellung, dass es keine afrodeutschen Sprecher*innen gibt beziehungsweise, dass diese Kombination aus „afro" und „deutsch" nicht existiert. Diesbezüglich kann man in Deutschland einen Bogen quer durch die darstellenden Branchen schlagen – vom Theater, wo mittlerweile ein bisschen mehr passiert was die entsprechenden Diskurse angeht, hin zum Film, da wird es schon weniger. Die Synchronbranche hängt da meines Erachtens sehr hinterher. Im Rahmen eines Interviews vor ein paar Monaten, das ich vor dem Hintergrund der Debatte um die Stimmen der *Simpsons*-Charaktere[1] gegeben habe, ging es mir dann so, dass ich dachte: Okay, ich will jetzt hier nicht alleine stehen und das kommentieren müssen. Ich möchte mich mit anderen Sprecher*innen darüber austauschen.

Kerstin   Der Klassiker: Jemand wird aus einer minorisierten Gruppe herausgepickt, um dann Advokat*in zu sein für alle anderen aus der Community.

Dela   Genau, *tokenism* – stellvertretend für alle. Jedenfalls wollte ich mich konkret mit Schwarzen Sprecher*innen austauschen, die schon lange im Geschäft sind. Ich habe mich schließlich mit einem Kollegen verabredet, der ausführlich von seinen Rassismuserfahrungen während seiner Synchronkarriere berichtete, aber das auch nur hinter vorgehaltener Hand. Ein öffentliches Interview wollte er nicht geben. Das ist auch verständlich, Synchronisierung ist sein künstlerisches Zuhause wie auch sein Broterwerb. Für so jemanden ist es natürlich viel prekärer, Diskriminierungen

öffentlich zu benennen. Ich selbst mache auch sehr gerne Synchronschauspiel, aber ich fühle mich da immer eher als Gast und weniger als Gastgeberin. Synchronisierung bedeutet für mich sehr viel Druck – und leider auch immer wieder irgendwie Angst.

Kerstin   Könntest du das noch weiter ausführen? Nach meinem Verständnis ist das Synchronverfahren ja an sich schon etwas *dodgy*. Allein die Historie: Hier in Deutschland hat das Synchronverfahren seine Wurzeln in der Nazi-Zeit. Die nationalsozialistische Propagandamaschine hatte diese Technik schnell für sich vereinnahmt, weil sie zwei für ihre Zwecke praktische Komponenten mit sich brachte: Zum einen eine Art „Huldigung" der deutschen Sprache und zum anderen ein Instrument der versteckten Zensur. Mit der Synchronisierung kann den Leuten schließlich im wahrsten Sinne des Wortes alles Mögliche in den Mund gelegt werden. Darüber hinaus kann das Verfahren alle Zwischentöne eliminieren, die eine Schauspieler*innenstimme mit sich bringt, wie beispielsweise einen bestimmten *working-class*-Akzent. Der lässt sich ja auch nicht wirklich übersetzen.

Dela   Ja, das stimmt. Dennoch ist der Synchronisierungsprozess ein komplexer Vorgang und die Synchronarbeit eine äußerst anspruchsvolle. So muss dialoggerecht übersetzt werden, gleichzeitig aber auch mundgerecht. Und dann kommt als Leistung vor dem Mikrofon hinzu, dass du innerhalb kürzester Zeit in eine Figur schlüpfen und die dann schauspielerisch-stimmlich entsprechend ausfüllen musst. Ihr so gerecht wie möglich zu werden, die Nuancen richtig zu setzen und auszuspielen – das ist eine hohe Kunst.

Kerstin   Im Englischen heißt es ja auch *voice artist*.

Dela   Es ist auch deshalb so komplex, weil neben den technischen Aspekten so viele andere Fragestellungen im Synchronisierungs-

Dela   It is also that complex because alongside the technical aspects, there are so many other issues in the dubbing process. There is the question of the 'Black voice', for example, that is coming up a lot at the moment. This voice that cannot just be one thing of course, there are a myriad of Black perspectives that can be spoken from. Do I live in Ghana for instance, where I would speak from the position of a member of a social majority, or am I a Black person living in Germany? It is crucial that the structures that surround a voice can also be heard — they resonate like a sounding board. Instead of asking about *the* Black voice, we must question, in a German context, the mechanisms of exclusion within the dominant culture that marginalise and / or racialise BIPoC (Black, Indigenous and People of Colour) and their voices. In dubbing work in Germany, this means specifically requesting the presence of these people and their voices as well as questioning the casting policies of the industry.

But there are also other fundamental questions that quickly arise in connection with translatability and dubbing work, even just translating from British English to German. Each of these two languages has its own vocal melody of course, but there is to some extent a certain attitude associated with it that the character plays. In English for example, the voice is often higher, but when you play an insecure character, the voice also often has to sound high. As a voice artist, you have to see how you cope with that in German. Translating or adapting something into a different cultural listening habit is something that I try and understand better but also fundamentally question. What does translation mean exactly? It isn't just about the language, the action, the attitude. How much creative freedom do you have?

Kerstin   Dela, how did you actually start working as a dubbing artist?

Dela   I fell into it. I didn't actively pursue a career as a dubbing actor. Ten years ago there was a casting for Black female actors to dub the lead rôle of Gabourey Sidibe in *Precious* (2009). It was my first ever job. I'd actually read about it before-hand in the newspapers and thought that it sounded like an intense and fascinating film. It was vital to the dubbing director at the time, Christoph Cierpka, that the rôle wasn't played by a white person and that the voice was as close as possible to a particular life experience, as well as the vocal timbre I have. Until that point, to tell the truth, I hadn't really concerned myself very deeply about voice acting. I'd had bad experiences before as an audience member with the dubbed German voices I'd grown up hearing, like Eddie Murphy's. When I heard his actual voice at some point I thought, "What? He isn't squeaky at all, he's much drier".

Kerstin   In my artistic practice I also use lip-syncing to sort of enter into a body. One of the differences of the two practices is perhaps in who sets the tone; the body or the voice. As with dance steps, in the practice of dubbing, the voice artist follows the actor's body within the moving image and is forced to go with them — to play along to some extent. With lip-syncing, it's the other way around. The voice leads and the body follows. It's interesting that you use the term voice acting. That's probably a more accurate term than just talking about dubbing the speech.

prozess stecken. Wie etwa die Frage nach der „Schwarzen Stimme", die jetzt so vermehrt aufkommt. Eine Stimme, die es als Singular schonmal gar nicht geben kann. Selbstverständlich wird aus unzähligen verschiedenen Schwarzen Perspektiven heraus gesprochen: Lebe ich beispielsweise in Ghana und spreche aus der Position eines Mitglieds der Mehrheitsgesellschaft oder spreche ich als eine Schwarze Person, die in Deutschland lebt? Es ist entscheidend, dass auch die Strukturen mitgehört werden, die eine Stimme umgeben – die mitschwingen, wie ein Resonanzkörper. Statt also nach *der* Schwarzen Stimme zu fragen, muss in einem deutschen Kontext nach den Ausschlussmechanismen innerhalb der Dominanzkultur gefragt werden, die ja erst BIPoC (*Black, Indigenous* und *People of Colour*) und ihre Stimmen marginalisieren und / oder rassifizieren. Für die Synchronarbeit in Deutschland heißt das konkret, nach der Präsenz dieser Menschen und ihrer Stimmen zu fragen, beziehungsweise nach den Besetzungspolitiken der Branche.

Aber natürlich stellen sich schnell auch weitere ganz grundsätzliche Fragen in Zusammenhang mit Übersetzbarkeit und Synchronarbeit. Schon wenn es nur darum geht, aus dem britischen Englisch ins Deutsche zu übersetzen. Beide haben eine andere Sprachmelodie, logisch. Aber teilweise ist auch eine gewisse Haltung damit verknüpft, die die Figur spielt. Im Englischen bleibt die Stimme beispielsweise generell oft oben. Wenn du aber als Charakter unsicher bist, dann bleibt deine Stimme auch oft oben. Da musst du als Synchronsprecher*in also schauen, wie du im Deutschen damit umgehst. Etwas in eine andere kulturelle Hörgewohnheit zu übersetzen beziehungsweise es anzupassen, das sind Punkte, die ich einerseits besser zu verstehen versuche, aber gleichzeitig auch grundsätzlicher hinterfrage. Was bedeutet diese Übersetzung genau? Es geht nicht nur um die Sprache, um das Spiel, um die Haltung. Wieviel Kreativitätsfreiraum darf man dem Ganzen lassen?

Kerstin Dela, wie bist du überhaupt zum Synchronsprechen gekommen?

Dela Ich bin da reingestoßen worden, ich habe nicht aktiv versucht, Synchronschauspielerin zu werden. Es gab vor zehn Jahren ein Casting, bei dem es darum ging, eine Schwarze Hauptdarstellerin zu synchronisieren: Gabourey Sidibe in *Precious – Das Leben ist kostbar* (2009). Das war mein allererster Job. Ich hatte schon vorher von dem Film in der Zeitung gelesen und dachte: Klingt nach einem krassen und total interessanten Film! Dem Synchronregisseur Christoph Cierpka war es damals total wichtig, dass die Rolle nicht von einer *Weißen* gespielt wird und die Stimme so nah wie möglich dran ist an einer bestimmten Lebenserfahrung, genauso wie an einer Stimmfarbe, die ich mitgebracht habe. Bis zu diesem Punkt hatte ich mich, ehrlich gesagt, nicht tiefergehend mit Synchronisation auseinandergesetzt. Aber ich hatte zuvor böse Überraschungen als Konsumentin erlebt, mit den deutschen Synchronstimmen, mit denen ich aufgewachsen bin, wie etwa der von Eddie Murphy. Als ich irgendwann seine Originalstimme gehört habe, dachte ich nur: *What?!* Der spricht ja gar nicht so quäkig, sondern viel trockener.

Kerstin In meiner künstlerischen Praxis bediene ich mich ja auch des *lip syncings* als einer Art von In-einen-Körper-hineintreten. Einer der Unterschiede beider Praxen ist vielleicht, wer jeweils „tonangebend" ist, der Körper oder die Stimme. Wenn man an Tanzschritte denkt, führt beim Synchron der Darsteller*innenkörper auf der Bildebene und du bist ein Stück weit gezwungen, mitzugehen – oder mitzuspielen. Beim *lip syncing* ist es genau andersherum: Da führt die Stimme und der Körper folgt. Es ist interessant, dass du den Begriff des Synchron*schauspiels* benutzt. Wahrscheinlich ist das der genauere Begriff, statt nur von der Praxis des Synchron*sprechens* zu reden.

Dela   Yes, I do see myself more as an actor than as a speaker. For someone who only does voice over work, you have to have other skills and perhaps a different flexibility is required, it's a different craft to some extent. It becomes clearer to me the more I work in the field. Like when I'm voicing an audio book for example, I miss the body as a visible element of communication and as an instrument to act with, precisely because it is this element of acting that opens up a connection to the language for me.

Kerstin   Perhaps *acting* is also the more accurate term because it mitigates a claim of supposed authenticity? I do hold this art form in great esteem but the problem is that an illusion is created that the voice and the body on screen are one. In some cases that produces the queasy feeling that the voice imposes itself on the body on screen even though it doesn't belong to it at all. You've already hinted that there's a difference for you between acting in front of the camera and dubbing — what are the biggest differences for you?

Dela   In front of the camera I am visible as a unity and don't only have language as my means of communication. I have gesture, my body and I can express and narrate much more than when I 'just' speak into a microphone. When I'm voice acting, I have to express everything through the voice — and I have to be one with the actor I'm dubbing. I actually try to adopt the physical attitude from the original in order to create or support the relevant feeling. But not every dubbing director takes as much time as Cierpka, who says if the character is lying on a sofa in the original, we have to build that situation in the recording studio because we want to be able to hear that you are lying down. In most cases, the end product has to be out quickly, which means that you have to deliver a certain number of takes within an hour. Some want 40 takes an hour, so there is not much time for trying things out in front of the microphone.

Kerstin   Have you come across the somewhat absurd phrase 'the black business'? I'm not sure if it is still current in the industry, it sounds to me like a term from the sixties or seventies. When I was making my project *Talking Business* (2014), I worked with Gisela Fritsch and Ursula Heyer, who were the voice artists for the female leads from the series *Dynasty* (1981–1989), Krystle Carrington and Alexis Carrington Colby. In our conversations, Fritsch and Heyer would refer to the 'black business' often — because you work in the dark and have no visibility as a voice artist. It has changed since then, voice artists now appear in the credits and this was actually the case earlier in the GDR than in West Germany.

Dela   I didn't know that term before but I know what it refers to of course and it's something we discuss in the business, especially if dubbing is the only thing you do. There is a feeling that the work is not valued. If I only did voice work, that would also probably wear away at my ego. Everyone else gets the awards and I'm either not noticed or unjustly belittled, yet I make the film experience possible and tangible with my voice.

Dela Ja, ich sehe mich auch eher als Spielerin, denn als Sprecherin. Als reine Sprecherin hast du andere Skills und eventuell eine andere Flexibilität, die erfordert wird, es ist teilweise ein anderes Handwerk. Das wird mir immer klarer, je mehr ich auf dem Gebiet arbeite — etwa, wenn ich ein Hörbuch einspreche: Hier fehlt mir der Körper als sichtbare Kommunikationsebene und als Instrument des Spiels. Gerade weil eigentlich das Spiel für mich den Zugang zur Sprache öffnet.

Kerstin Vielleicht ist *Spiel* auch insofern die genauere Vokabel, weil es den Anspruch einer vermeintlichen Authentizität entschärft? Ich habe Hochachtung vor dieser Kunst, aber das Problem ist, dass die Illusion erweckt wird, dass diese Stimme und dieser Körper auf der Leinwand eine Einheit bilden. Das erzeugt unter Umständen ein schlechtes Bauchgefühl, etwa wenn man den Eindruck hat, dass sich die Stimme dem Körper auf der Leinwand aufdrängt, obwohl sie eigentlich gar nicht zu ihm gehört. Du hast ja schon angedeutet, dass es eine Differenz für dich gibt zwischen dem Spiel vor der Kamera und dem Synchronschauspiel — was sind für dich die größten Unterschiede?

Dela Vor der Kamera bin ich als Einheit zu sehen und habe nicht nur die Sprache als Kommunikationsmittel. Ich habe die Mimik, ich habe den Körper und kann da viel mehr transportieren und erzählen als wenn ich „nur" hinter dem Mikrofon stehe. Beim Synchronschauspiel muss sich alles über die Stimme transportieren — und ich muss eine Einheit werden mit der Schauspielerin, die ich da synchronisiere. Dafür versuche ich auch tatsächlich, die Körperhaltung anzunehmen, die im Original gespielt wird, um über den Körper auch das damit verbundene Gefühl mitzuerzeugen oder als Unterstützung zu haben. Aber nicht jede*r Synchronregisseur*in nimmt sich so viel Zeit wie Cierpka, der auch sagt: Die Figur liegt im Original auf dem Sofa, also müssen wir jetzt hier im Tonstudio die Situation

nachbauen, weil wir hören wollen, dass du liegst. In den meisten Fällen muss das Produkt schnell raus, das heißt, du musst eine bestimmte Anzahl von Takes in der Stunde liefern. Manche machen 40 Takes in der Stunde, da ist nicht viel Raum, um sich vor dem Mikrofon auszuprobieren.

Kerstin Ist dir eigentlich schon mal der etwas absurde Begriff des „Schwarzen Gewerbes" untergekommen? Ich bin mir nicht sicher, ob er in der Branche noch gängig ist, für mich hört es sich eher nach einem Ausdruck aus den 1960er oder 1970er Jahren an. Im Rahmen meines Projektes *Talking Business* (2014) hatte ich mit Gisela Fritsch und Ursula Heyer zu tun, den Synchronsprecherinnen der beiden weiblichen Hauptrollen aus der Serie *Der Denver Clan* (1981–1989), Krystle Carrington und Alexis Carrington Colby. In unseren Gesprächen haben Fritsch und Heyer immer vom „Schwarzen Gewerbe" gesprochen — weil du im Dunkeln arbeitest, aber auch, weil du als Synchronschauspieler*in keine Sichtbarkeit hast. Mittlerweile hat sich das etwas geändert: Inzwischen werden Sprecher*innen auch im Abspann erwähnt. In der DDR war das schon früher der Fall, in Westdeutschland dagegen nicht.

Dela Den Begriff kannte ich nicht, aber das, was sich dahinter verbirgt, ist mir natürlich bekannt und unter Kolleg*innen auch ein Thema, vor allem bei denen, die ausschließlich Synchron machen: die gefühlte Nicht-Wertschätzung dieser Arbeit. Würde ich ausschließlich Synchron machen, würde das womöglich auch an meinem Ego kratzen. Alle anderen bekommen die Lorbeeren und ich, die das Filmerlebnis mit meiner Stimme erfahrbar mache, werde nicht wahrgenommen oder zu Unrecht nur belächelt.

Kerstin Für Ursula Heyer war es auch ganz bitter, sie war eigentlich Theaterschauspielerin und als sie Anfang der 1980er Jahre für *Der Denver Clan* angefragt wurde, konnte ja noch

Kerstin   Ursula Heyer felt quite bitter about it, she was actually a theatre actor. When she was approached at the beginning of the eighties for *Dynasty*, no-one could have known that the series would go on for almost a decade and that she wouldn't be able to do anything else during that time. Once Heyer was Alexis Carrington, she was refused rôles at the Berliner Renaissance Theater, because her voice was so strongly associated with that character. In that way, the rôle was also a curse for Ursula Heyer. But to return to Precious and the question of whether it makes a difference to dub a white person or voice another Black person, you mentioned that it was important for the dubbing director of *Precious* to think about the character's experiences of racism and accordingly, to cast the German voice rôle with someone who would share and relate to these experiences. How is that for you? Does it make a difference?

Dela   I can answer that question very simply. I have only voiced white people a grand total of three times, and then only in so-called group recordings, in which a lot of people are called to the studio to dub one or two sentences each. Like a waiter who asks, "Would you like another coffee?", and that's it. As an ensemble actor, you then record all the small rôles and background voices together with others in one day. I only dubbed white people in those sorts of sessions.

Kerstin   How should I imagine the casting process? How do the rôles get booked, roughly?

Dela   If it is a big film, there are castings at which the film distributors make the decisions themselves. For 'smaller' independent productions, voice artists are booked for rôles and ensemble sessions by the director, scheduling agencies or directly by recording managers, as well as other ways. Voice actors for group and ensemble sessions are booked by the scheduling agent in order to get to know new voices. In general you only find out which rôle you have when you get to the studio by the agencies or recording managers. Voice artists who are with an agency, like I am, are represented on the agency website with photos, not just audio samples, so the recording managers know I'm Black. In my case, I am exclusively cast for 'Black' rôles, with very few exceptions. Once I had a request to do an animated Lego character [laughs]. When I arrived at the session and saw that there was another Black woman there, I assumed that she was another voice artist. In the recording studio it became clear that she was the director. She then introduced me to the character I was booked to dub, which, in her opinion, my voice would be suited to — and the way I've been conditioned, I assumed it was a Black character. But she'd cast me for a white cartoon figure! [Laughs] But otherwise it's the other way round. [Pause] I was upset about that for quite a while. [Pause] But in the end, I said to myself, well, that's the market I can tap into. I'm now the woman for Black actresses.

Kerstin   The only good thing about that is that this market is expanding in quite an extraordinary way at the moment. With the US American streaming industry booming, there's quite a diverse and international scene in German living rooms right now! [Laughs] The dubbing companies in this country can't keep up with their same old white pool of voice actors any longer!

niemand ahnen, dass die Serie zehn Jahre laufen und sie vorerst nichts anderes mehr machen würde. Als Heyer erst einmal Alexis Carrington war, wurden ihr Rollen am Berliner Renaissance Theater verwehrt, weil ihre Stimme so stark mit dieser Figur assoziiert wurde. Insofern war diese Rolle für Ursula Heyer auch ein Fluch. Aber noch einmal zurück zu *Precious* und der Frage, ob es einen Unterschied macht, eine *weiße* Person zu dubben oder eine andere Schwarze Person zu sprechen: Du hast erwähnt, dass es dem Synchronregisseur bei *Precious* wichtig war, die Rassismuserfahrungen der Figur mitzudenken und dementsprechend die deutschsprachige Sprecher*innenstimme mit einer Person zu besetzen, die diese Erfahrungen auch teilt und nachempfinden kann. Wie ist das für dich, macht das einen Unterschied?

Dela   Ich kann die Frage ganz einfach beantworten: Ich habe insgesamt, wenn überhaupt, nur drei Mal *weiße* Menschen gesprochen und dann auch nur im Rahmen von sogenannten „Mengenterminen", bei denen sehr viele Leute ins Studio bestellt werden, um dann jeweils nur ein bis zwei Satzrollen zu sprechen. Zum Beispiel den Kellner, der fragt: „Hätten Sie gerne noch einen Kaffee?" Und das war's dann. Als Ensemblespieler*in sprichst du dann gemeinsam mit anderen an einem Tag alle kleinen Rollen und Hintergrundstimmen. Nur bei diesen Sessions habe ich auch *weiße* Personen gesprochen.

Kerstin   Wie muss ich mir den Castingprozess, das Buchen der Rollen denn generell vorstellen?

Dela   Wenn es sich um ein größeres Projekt handelt, dann gibt es Castings bei denen die Filmverleihe selbst die Entscheidungsträger*innen sind. Für verleihunabhängige, „kleinere" Produktionen werden Sprecher*innen unter anderem von Regie, Redakteur*innen oder von Aufnahmeleiter*innen auf die Rolle besetzt. Sprecher*innen für Mengentermine beziehungsweise Ensemblesessions werden direkt von der Aufnahmeleitung besetzt, um so neue Sprecher*innen kennenzulernen. Die Agenturen beziehungsweise Aufnahmeleiter*innen geben dir Bescheid, dass du gebucht wurdest und du erfährst dann in der Regel erst vor Ort, welche Rolle du sprichst. Sprecher*innen mit einer Agenturvertretung, wie in meinem Fall, werden auf der Agenturseite nicht nur mit Stimmenproben, sondern auch mit Fotos repräsentiert. Die Aufnahmeleiter*innen wissen also, dass ich Schwarz bin. Und bei mir ist es so, dass ich ausschließlich für „Schwarze" Rollen gebucht werde – abgesehen von wenigen Ausnahmen. Einmal hatte ich eine Anfrage für die Animation einer Lego-Figur! [lacht] Als ich zu dem Termin kam und sah, dass eine weitere Schwarze Frau im Studio ist, dachte ich zunächst, dass sie sicher auch eine Sprecherin sei. Im Studio selbst wurde dann klar, dass sie die Regisseurin ist. Sie stellte mir dann die Figur vor, für die ich gebucht war und auf die ich ihrer Meinung nach stimmlich sehr gut passen würde – und so wie ich geeicht worden bin, bin ich davon ausgegangen, dass es sich um eine Schwarze Figur handelt. Aber sie hatte mich für eine *weiße* Cartoon-Figur besetzt! [lacht] Aber ansonsten ist es andersherum. [Pause] Ich habe mich auch lange darüber aufgeregt, dass das so ist. [Pause] Schließlich habe ich mir aber gesagt: Gut, dann ist das der Markt, den ich mir erschließen kann. Ok, dann bin ich also jetzt die Frau für die Schwarzen Schauspielerinnen.

Kerstin   Das einzig Gute daran ist, dass dieser Markt gerade unglaublich expandiert. Durch die Expansion der US-amerikanischen Streamingdienste wird es ja jetzt so international und divers in den deutschen Wohnzimmern, dass Synchronfirmen hierzulande mit ihrem immer gleichen *weißen* Stimmenrepertoire gar nicht mehr hinterherkommen! [lacht]

Dela   Genau! Es gibt zwar weiterhin viele Unverbesserliche, die immer noch nicht in Er-

Dela   Exactly! There are still many incorrigible people who wouldn't even consider casting a Black voice artist for a Black rôle but there are more and more productions that want to diversify their casting. Above all, because the debate about racism is finally now reaching the obscure, shadow-world of the 'black business', there is suddenly public interest in what happens in the darkened dubbing studios. There's a focus on the politics of casting, also with the debate in the USA or in France, where Yasmine fought to bring it to public attention. As I said, the production companies unfortunately always make the same argument that there are no Black voice artists in Germany and this opinion is then presented as fact.

Kerstin   This sort of universal argument from a position of hegemonic ignorance is something I recognise from the art world in relation to the representation of women artists. Sometimes people still say, "I'd love to do an exhibition with female artists but unfortunately there are just not enough good ones!" [Laughs]
You probably know that from your work as an actor as well.

Dela   That's really true of every field. That's why it's especially important to actively support young talent. Rôle models are also needed. It's always easier when someone has trodden that path before you. It's the mechanism of every emancipatory movement, whether it's the women's movement or any other. Opening doors has a special rôle to play, so that people can't say, "I just don't know how to get in…" Take the theatre: if I only see white people jumping around on stage, I don't feel addressed or represented — but inevitable I am touched by it anyway, because I long for a connection even though that is all that's offered to me. As well as these structural deficiencies, however, I am seeing increased efforts in the German cultural sector, helped by well-intentioned diversity policies, to reflect the multiple voices in the society at large. Even here though, well intentioned is not always well done! [laughs]

Kerstin   And if we turn back to film too, the feminist film theorist Laura Mulvey wrote thirty years ago about how women receive film, describing how in a movie in which the leading rôles are all played by men, a situation still common today, the female audience has to do a kind of mental cross-dressing in order to relate to the film at all.[3] That's why the film industry argument is so laughable, that they can't produce more films with women in leading rôles because men wouldn't be able to identify with the characters and will stay away from the film. Yet generations of women have watched films, thinking and feeling their way into the male actors' bodies. It probably feels like this to you when you go the theatre and don't see yourself represented on stage in any way…

Dela   [Pause] Yes, that's exactly how it is. This systematic non-appearance can be found on many different levels too. It could be gender or class or ethnic representation. And now we're on to the subject of intersectionality. From an early age I didn't just have to cope with images of white masculinity but also with purely white images of womanhood. For this reason, *The Bill Cosby Show* (1984–1992), *The Fresh Prince of Bel-Air* (1990– 1996) and *Family Matters* (1989–1997) were real eye-openers for me at the time — other realities were being represented.

wägung ziehen, eine Schwarze Sprecher*in für eine Schwarze Schauspielrolle zu besetzen. Aber es gibt auch mehr und mehr Produktionen, die den Anspruch haben, diverser zu besetzen. Vor allem, weil Rassismusdebatten jetzt langsam auch die traditionell wenig beleuchtete Schattenwelt des „Schwarzen Gewerbes" erreichen. Es gibt auf einmal ein öffentliches Interesse an dem, was da in den abgedunkelten Synchronstudios passiert. Jetzt gibt es einen Fokus auf die Besetzungspolitiken, auch durch Debatten in den USA oder in Frankreich, wo sich Yasmine eben eine Öffentlichkeit erkämpft hat. Wie gesagt, vonseiten der Produktionsfirmen wird leider immer wieder das Argument angeführt: Es gibt keine Schwarzen Synchronschauspieler*innen in Deutschland. Diese Perspektive wird dann als Fakt präsentiert.

Kerstin Ein solches universelles Argument hegemonialer Ignoranz kenne ich auch aus dem Kunstbetrieb, in Bezug auf die Repräsentation von Künstlerinnen, da heißt es manchmal immer noch: „Ich würde ja gerne eine Ausstellung nur mit Künstlerinnen machen, aber leider gibt es da nicht so viele starke Positionen." [lacht] Wahrscheinlich kennst du das auch von deiner Arbeit als Schauspielerin.

Dela Das zieht sich wirklich durch jede Branche durch. Gerade deshalb ist es wichtig, dezidiert den Nachwuchs zu fördern. Ebenso braucht es Vorbilder. Es ist immer einfacher, wenn jemand diesen Weg schon einmal gegangen ist. Das ist der Mechanismus jeder emanzipatorischen Bewegung, sei es die Frauenbewegung oder eine andere. Hier kommt dem Öffnen von Türen eine besondere Rolle zu, damit es eben nicht heißt: „Ich weiß gar nicht, wie ich da reinkomme …". Nehmen wir das Theater: Wenn ich da nur *Weiße* auf der Bühne herumhüpfen sehe, fühle ich mich auch nicht angesprochen oder vertreten – lasse mich dann aber zwangsläufig trotzdem berühren, weil ich mich nach einer Verbindung sehne, auch wenn mir nur das angeboten wird.

Parallel zu diesen strukturellen Fehlstellen beobachte ich aber auch gerade verstärkte Bemühungen im deutschen Kultursektor, mithilfe von gutgemeinten *diversity*-Ansätzen an die gelebte gesellschaftliche Vielstimmigkeit anzuschließen. Doch auch hier gilt: Gut gemeint ist nicht zwangsläufig gut gemacht … [lacht]

Kerstin Oder wenn wir wieder auf den Film schauen: Die feministische Filmtheoretikerin Laura Mulvey hat vor 30 Jahren über die Rezeptionserfahrung von Frauen im Kino geschrieben, dass bei einem Streifen in dem die Hauptrollen – wie heute immer noch üblich – männlich besetzt werden, die Zuschauerinnen eine Art mentaler Travestie, ein Crossdressing vollziehen, um den Film überhaupt für sich erfahrbar zu machen.[2] Deshalb ist auch das Argument der Filmindustrie lächerlich, dass man dort nicht mehr Filme mit Frauen als Lead produzieren könne, weil sich Männer dann nicht mit den Rollen identifizieren und dem Film fernbleiben würden. Dabei haben Generationen von Frauen Kino konsumiert und sich in die männlichen Darstellerkörper auf der Leinwand hineingedacht und -gefühlt! Ähnlich fühlt es sich wahrscheinlich an, wenn du ins Theater gehst und dich in keiner Weise auf der Bühne repräsentiert siehst …

Dela [Pause] Ja, genau so ist es. Und dieses systematische Nicht-Vorkommen lässt sich auf so vielen Ebenen finden: Egal, ob es um Gender oder um Klasse geht oder um ethnische Zugehörigkeit … damit wären wir beim Thema Intersektionalität: Ich habe mich von klein auf an nicht nur mit *weißen* Männlichkeitsbildern herumschlagen müssen, sondern eben auch mit rein *weißen* Bildern von Weiblichkeit. Aus diesem Grund waren für mich ihrerzeit auch *Die Bill Cosby Show* (1984– 1992), *Der Prinz von Bel-Air* (1990– 1996) oder *Alle unter einem Dach* (1989–1997) Wow-Erlebnisse, echte *eye-opener* – hier wurden auch andere Realitäten dargestellt. Gemein-

Watching *The Bill Cosby Show* together was a family event. Even just what the characters did, a Black doctor and a Black lawyer. And they weren't just clever, they were *soulful*. But to get back to theatre or film, in these fields, it is just assumed that an entirely white cast will appeal to people of colour, "take it or leave it". Although the idea is "take it" of course, because they still want our money! [Laughs]

Kerstin   I'd just like to quickly go back to the parts you have dubbed. Which ones were important for you? I guess that the rôle of Precious was one of them.

Dela   Yes, absolutely! And also the rôle of the chief and warrior Okoye in the film adaptation of the *Black Panther* comic (2018). I recently finished dubbing Michaela Coel in her series *I May Destroy You* (2020), which is absolutely fantastic for its complexity and contemporary narrative. The story takes place in a Black world, the leading role's friends are Black, when they go out everybody is Black, her therapist is Black — it's another world, where white people play the supporting rôles.

Kerstin   The depiction of a Black reality?

Dela   Exactly. It really is a narrative milestone and that's why the message is so important and it's incredibly impressive that Michaela Coel wrote, directed and starred in the series herself. Working on the series, I also learned a lot about approaching language, especially in regard to different modes of translating. How do I render something into German that is originally in Patwa? My colleagues that dubbed the rôles this applied to tried to resolve this with a spoken melody. The dubbing directors of *I May Destroy You* were very detailed and open to trying things out, even so to properly fit to the original 1:1 it would have needed more time and diverse resources. It's a bit of a vicious circle. Dubbing is actually a time consuming and complex craft. I don't want to have to be a factory worker doing piecework. I need time for what I want to deliver. This job is so incredibly demanding and challenging that there are colleagues who give up because they can't hack it any longer. I have finally reached a point, after ten years since my first dubbing job, where I can say, I won't be rushed, I'll take the time I need.

Kerstin   In connection with that, I would lastly like to ask you about possible future scenarios for voice acting. For example, there is the continual development of speech programmes we currently mostly know through personal digital assistants such as Apple's Siri software. It's possible that this development could make the human voice superfluous for the dubbing industry too. This is coupled with the danger that these programmes reproduce and perpetuate discriminatory *isms* and stereotypes. The programmes are written by humans after all and the algorithms are just as racist, sexist and classist as the analogue world from which they are programmed.

Dela   There is certainly a concern amongst colleagues in the industry that they will be replaced with speech programmes and lose work. I recently talked to someone who thought it would only be five or six years before the technology was

sam *Die Bill Cosby Show* zu sehen, war ein Familienevent. Allein schon, wie die Figuren hier angelegt waren: ein Schwarzer Arzt und eine Schwarze Anwältin. Und die waren nicht nur schlau, sondern auch *soulful*. Aber um wieder auf das Theater oder Kino zu kommen: In diesen Bereichen wird dagegen schlicht vorausgesetzt, dass ein rein *weißer* Cast auch People of Colour anspricht. „Take it or leave it – friss oder stirb." Wobei das Ziel ja schon das „Take it" ist, denn das Geld für die Tickets wollen sie ja trotzdem von dir als Zuschauer*in! [lacht]

Kerstin   Ich würde gerne noch einmal kurz auf die Rollen zurückkommen, die du synchrongeschauspielert hast. Welche Rollen waren da wichtig für dich? Ich nehme an, dass die Rolle der Precious mit dazugehört.

Dela   Ja, auf jeden Fall! Aber auch die Rolle der Kämpferin und Anführerin Okoye in der Verfilmung des Comics *Black Panther* (2018). Und ganz frisch habe ich Michaela Coel synchronisiert, in ihrer Serie *I May Destroy You* (2020), die absolut fantastisch ist in ihrer Komplexität und erzählerischen Gegenwärtigkeit. Diese Erzählung findet in einer Schwarzen Welt statt. Die Freund*innen der Hauptdarstellerin sind Schwarz, wenn die Party machen sind alle Schwarz, ihre Therapeutin ist Schwarz – ein anderer Kosmos, in dem *Weiße* die Nebenrollen spielen.

Kerstin   Das Abbild einer Schwarzen Realität?

Dela   Genau. Deshalb ist es auch von der Message her so wichtig, ein erzählerischer Meilenstein und unglaublich beeindruckend, dass Michaela Coel die Serie selbst geschrieben, Regie geführt und die Hauptrolle gespielt hat. Und ich habe bei der Arbeit an der Serie noch einmal viel gelernt, was den Umgang mit Sprache betrifft. Besonders was Übersetzungsmodi angeht – wie übersetze ich etwas, das im Original in der Sprache Patwa gespielt wird, ins Deutsche? Die Kolleg*innen, auf deren Rollen das zutraf, haben dann versucht, das über eine sprachliche Melodie zu lösen.

Die Synchronregisseur*innen von *I May Destroy You* haben sehr akribisch gearbeitet und waren offen dafür, vieles auszuprobieren. Doch um es 1:1 vom Original abzunehmen braucht es noch mehr an zeitlichen und diverseren Ressourcen. Hier beißt sich also die Katze wieder in den Schwanz. Beim Synchronisieren handelt es sich eben eigentlich um ein zeitintensives und komplexes Handwerk und ich möchte keine Fabrikarbeiterin sein müssen, die im Akkord arbeitet. Ich brauche Zeit für das, was ich liefern möchte. Diese Tätigkeit ist so unglaublich fordernd und anspruchsvoll, dass es auch immer wieder Kolleg*innen gibt, die aussteigen, weil sie nicht mehr können. Zehn Jahre nach meinem allerersten Synchronschauspiel bin ich jetzt endlich an diesem Punkt, sagen zu können: Ich lasse mich nicht hetzen. Ich nehme mir die Zeit, die ich brauche.

Kerstin   Daran anknüpfend würde ich dich abschließend gerne noch zu möglichen Zukunftsszenarien des Synchronschauspiels befragen wollen. Zum Beispiel gibt es eine stetige Weiterentwicklung von Sprachprogrammen wie wir sie heute hauptsächlich aus dem Bereich digitaler *personal assistants* kennen, zum Beispiel von Apples Siri-Software. Diese Entwicklung könnte die menschliche Stimme möglicherweise auch für die Synchronarbeit überflüssig machen. Gekoppelt hieran ist die Gefahr, dass diese Programme diskriminierende Ismen und Stereotype reproduzieren und weiter verfestigen – schließlich werden diese Programme von Menschen geschrieben. Sprich Algorithmen sind so rassistisch, sexistisch und klassistisch wie die analoge Welt aus der heraus sie programmiert werden.

Dela   Die Sorge unter Kolleg*innen, zukünftig durch Sprachprogramme ersetzt zu werden und die Arbeit zu verlieren, ist auf jeden Fall Thema in der Branche. Erst vor kurzem habe ich mit jemanden gesprochen, der dem Ganzen noch fünf bis sechs Jahre gibt, dann wäre die Technologie soweit, dass wir Synchronschauspieler*innen ersetzt werden

good enough to be able to replace voice actors. There are speech synthesis programmes that are quite far developed already but they can't yet produce nuance, which is often only where you understand the intention of what is being said. The fear is understandable, however. Once this technology gets to the point where you can't tell the difference between human and AI Voices, we're out, because the cost difference will be so great.

To come to your question about stereotypes, yes, there could be *a* possible future scenario in which the same old patterns of representation continue to be perpetuated through the algorithms of the speech synthesis programmes. The absence of further nuances that are only produced by diversity would probably not be noticed by the programmers at all but these gaps would immediately be clear to a diverse audience of course. *Another* possible future scenario would be that whoever pursues and drives the development of speech synthesis further, will have to deliver the best possible vocal performance, which would include being as broad and international as possible. It's similar to what Google Translate is now doing, by including all those so-called niche languages, like the languages of the African diaspora. They realise it means money and everyone has really understood that now.

Kerstin   You'd think so, but if we turn from a possible Silicon Valley future, back to the US film industry and the situation in Hollywood right now, on the one hand series are being produced by streaming services to get money from a supposedly niche audience, in which other people appear on screen rather than the usual white middle classes. It's no longer a secret of course that there is a lot of cash to be made in programmes that target these overlooked sectors. On the other hand, the Hollywood mainstream still displays an massive refusal to reflect society as it really is, which is extremely diverse. In my opinion despite the isolated developments you describe, there is still a reluctance to represent not just diversity and with it more equality, but to have a diversity of narratives in any way.

Dela   Actually, I don't think we have to wait for Hollywood any more at all. People like Michaela Coel and Jordan Peele, the author and director of the film *Get Out* (2017), which looks at everyday racism in the USA, are leading the way. There are independent productions that have emancipated themselves from an ageing, white Hollywood and are able to function on their own. They've got the money, they've got the knowledge, they've got the network and they're not dependent on old white men any longer. The white men have always allowed a few people to appear in their films that look different to themselves, but they still imposed their particular narrative of Blackness on the audience. All the images from these films conform to what Black narratives should look like in their opinion. But those days are gone.

This interview was carried out on 16 October 2020.

könnten. Zurzeit gibt es schon Stimmensoftware, die zwar sehr weit entwickelt ist, es aber noch nicht leisten kann, Zwischentöne herzustellen, die allerdings oft eben erst die Intention des Gesagten nachvollziehbar machen. Doch die Angst ist verständlich – wenn diese Technologie erst einmal so weit ist, dass du keinen Unterschied mehr zwischen Menschen- und KI-Stimme heraushören kannst, dann sind wir aufgrund des Kostenfaktors einfach raus. Bezüglich deiner Frage nach den Stereotypen: Ja klar, das wäre *ein* Zukunftsszenario, in dem die gleichen alten Repräsentationsmuster auch in den Algorithmen der Sprachprogramme weiter fortgeschrieben werden. Wo auch weiter Zwischentöne fehlen, die sich erst durch Diversität herstellen und deren Abwesenheit möglicherweise gar nicht von den Programmierer*innen wahrgenommen wird. Diese Leerstellen werden aber einem multiperspektivischen Publikum natürlich sofort auffallen … Ein *anderes* Szenario für die Zukunft wäre daher, dass wer auch immer die Entwicklung der Sprachprogramme verfolgt und vorantreibt, den Anspruch haben wird, die bestmögliche Stimmenperformance abzuliefern. Und das Ganze deshalb so breit und international wie möglich aufstellt. Ähnlich wie es beispielsweise Google Translate inzwischen tut. Einschließlich aller vermeintlichen Nischensprachen, wie afrodiasporischer Sprachen. Denn auch das bedeutet: Geld. Und das haben ja jetzt wirklich alle verstanden.

Kerstin   Das sollte man eigentlich meinen. Aber gerade wenn wir in die USA schauen und unseren Blick von einem möglichen zukünftigen Silicon Valley zurück auf die Filmbranche, auf das heutige Hollywood richten: Da werden einerseits Serien für Streaming-Services produziert, die das Geld aus vermeintlichen gesellschaftlichen Nischen akquirieren sollen und wo dann in Hauptrollen mal ein paar andere Leute vor der Kamera stehen als die *weiße* Mittelschicht. Und natürlich ist das auch kein Geheimnis mehr, dass mit diesen Formaten, die die Repräsentationsbrachen aktiv be-

ackern, ordentlich Kohle zu machen ist. Aber andererseits spiegelt der generelle Hollywood-Mainstream doch die immer noch während, massive Verweigerung wider, die Gesellschaft so wahrzunehmen, wie sie ist, nämlich extrem vielfältig. Meines Erachtens fehlt trotz vereinzelter Entwicklungen, wie du sie beschreibst, immer noch die Bereitschaft, nicht nur Diversität zu repräsentieren und somit mehr Gerechtigkeit herzustellen, sondern überhaupt andere Narrative zu erzählen.

Dela   Tatsächlich ist es meiner Meinung nach hinfällig, da auf Hollywood zu warten: Leute wie Michaela Coel oder Jordan Peele, der Autor und Regisseur des Films *Get Out* (2017), der thematisch den Alltagsrassismus in den USA aufgreift, machen es ja vor: Durch unabhängige Produktionen, die sich vom alternden, *weißen* Hollywood emanzipiert haben und autark funktionieren. Du hast das Geld, du hast das Wissen, du hast das Netzwerk und du bist nicht mehr abhängig vom alten *weißen* Mann. Die *weißen* Männer haben zwar auch immer wieder Personen in ihren Filmen auftauchen lassen, die anders aussehen als sie selbst, aber sie haben dem Publikum immer noch ihre Erzählung von *Blackness* aufgezwungen – in der alle Bilder genau dem entsprechen, wie ihrer Meinung nach Schwarze Geschichten auszusehen haben. Und diese Zeiten sind jetzt vorbei.

Das Gespräch wurde am 16. Oktober 2020 geführt.

1   The voice actor Hank Azaria resigned in January 2020, after many years of accusation that the makers of the cartoon series *The Simpsons* (1989–) promoted racist prejudices, especially in the way that the character Apu, a shopkeeper of Indian descent was voiced. Azaria's resignation unleashed a strong media response. A year later the online magazine *Vulture* dedicated itself to the topic and also interviewed Yasmine Modestine about it. The German dubbing industry was also represented in the words of the white German voice artist Peter Musäus, who dubs another *Simpsons* character, the Black nuclear power plant employee Carl. The article quotes Musäus as saying "the only thing that matters is that the voice fits the character." Alex Dudok de Wit, 'The Dub Conundrum — As white actors step back from voicing nonwhite characters, where does that leave their international counterparts?', in: *Vulture* (22 December 2020), vulture.com/article/animation-race-voice-acting-inter-national-dubbing.html.

2   Dela Dabulamanzi here uses the word *Synchron-schauspiel*, which reevaluates the importance of the often overlooked skill of acting within the dubbing industry.

3   Laura Mulvey, *Visual and Other Pleasures. Language, Discourse, Society* (London et al.: The Macmillan Press, 1989), p. 33.

1 Nachdem Kritiker*innen bereits seit Jahren den Macher*innen der Zeichentrickserie *The Simpsons* (seit 1989) vorgeworfen hatten, dass die Figur des Apu, eines Ladenbesitzers mit indischem Hintergrund, vor allem in ihrer Vertonung rassistische Vorurteile bediene, legte deren langjähriger Synchronsprecher Hank Azaria im Januar 2020 seine Tätigkeit nieder. Azarias Rücktritt löste ein starkes mediales Echo aus. So widmete sich beispielsweise noch fast ein Jahr nach dessen Bekanntgabe das Online-Magazin *Vulture* dem Thema und befragte auch Yasmine Modestine diesbezüglich. Zudem kam hier die deutsche Synchronbranche zu Wort, vertreten durch den *weißen* Sprecher Peter Musäus. Er spricht einen weiteren *Simpsons*-Charakter, den Schwarzen Kernkraftwerkmitarbeiter Carl, und findet, „that the only thing that matters is that the voice fits the character". Alex Dudok de Wit, „The Dub Conundrum – As white actors step back from voicing nonwhite characters, where does that leave their international counterparts?", in: *Vulture* (22. Dezember 2020), vulture.com/article/animation-race-voice-acting-international-dubbing.html.

2 Laura Mulvey, *Visual and other pleasures. Language, Discourse, Society* (London u.a.: The Macmillan Press, 1989), S. 33.

my castle your castle

Set against the backdrop of the current revival of dangerous national myths *my castle your castle* talks about the construction site of the Berlin City Castle (2013–2021) as the stage for different social and material constructions of representation. In the unfinished shell of what is now called the Humboldt-Forum—erected on the foundation of the most important symbolic building of the GDR, the Palast der Republik (1976–2008), the seat of the People's Chamber and a defining cultural location—an interview is filmed which oscillates stylistically between an informal coffee morning and *Der Internationale Frühschoppen* (a well known West-Germany political TV chat show broadcast during the Cold War period).
The guests are two construction workers who worked on the construction and later deconstruction of the Palast der Republik. Over a slice of cake, Peter Friedrich (construction) and Gunter Teichert (demolition) use builders' jargon to discuss the work tasks they performed while constructing and dismantling the building. The conversation is continually interrupted by long pauses and as the uncomfortable silence spreads, the participants fidget on cantilevered leather chairs, which originate from the Palast der Republik itself. As far as the pauses go, it remains unclear whether there is simply nothing more to say about the reconstruction of a Prussian palace on the foundations of the demolished People's Palace or whether the two former East German construction workers are simply reacting with a silent strike to the artistic proposal of an artist from West Berlin.
In lip synced inserts, Honeit embodies other voices involved in the architecturally and ideologically controversial castle reconstruction, such as Wilhelm von Boddien who founded the association for the castle reconstruction in 1992, or Bruno Flierl, the foremost expert in urban construction in the GDR and supporter of the 'Friends of the Palast der Republik'. This talk show dealing with myths of empowerment is accompanied by two singing cowboys in glitter costumes, who not only sing about the fall of beloved castles (in the air) but as queer figures themselves, embody the deconstruction of constructed hegemonies and Western patriarchal fantasies of omnipotence, while heralding something new.

my castle your castle (2017), 14'47"
Video projection with sound, a four-element chipboard screen with 27 porcelain collectors' plates (depicting castles), 3 printed Bakelite plates, revolving disco light on construction site cable, 1 pair of cowboy boots
Videoprojektion mit Ton, viergliedriger Paravent aus OSB-Platten mit 27 Porzellan-Sammeltellern (mit Schlossmotiven), 3 bedrucke Bakelit-Teller, rotierendes Diskolicht an Installationskabel, 1 Paar Cowboystiefel

my castle your castle bespricht vor dem Hintergrund aktueller Wiederbelebungen gefährlicher nationalstaatlicher Mythen die Berliner Stadtschloss-Großbaustelle (2013–2021) als Bühne für unterschiedlichste soziale und materielle Konstruktionen von Repräsentation. Im Rohbau des heutigen Humboldt-Forums – errichtet auf dem Fundament des wichtigsten Symbolbaus der DDR, dem Palast der Republik (1976–2008), Sitz der Volkskammer und identitätsstiftendes Kulturhaus – wird eine Gesprächsrunde gefilmt, die stilistisch zwischen einem Kaffeekränzchen und der Fernsehsendung *Der Internationale Frühschoppen* changiert.

Die Gäste der Talkrunde vor Ort sind zwei Bauarbeiter, die am Auf- und Rückbau des Palastes der Republik beteiligt waren. Peter Friedrich (Aufbau) und Gunter Teichert (Abriss) berichten bei einem Stück Torte im Baujargon von den Handgriffen und Tätigkeiten, die sie bei der Konstruktion und Demontage des Gebäudes ausgeführt haben. Immer wieder unterbrechen jedoch lange Pausen das Gespräch, unangenehmes Schweigen macht sich breit, die Beteiligten wippen etwas verlegen in den Talkshowstühlen – Lederfreischwinger, die aus dem Originalinterieur des Palasts der Republik stammen. Unklar bleibt in den Unterbrechungen, ob es – angesichts des Wiederaufbaus des Preußen-Schlosses auf den Grundmauern des Volkspalastes – einfach nichts mehr zu sagen gibt, oder ob die beiden ehemaligen Arbeiter der DDR hier die künstlerische Inszenierung einer West-Berliner Künstlerin stimmlich bestreiken.

In Einspielern kommen – mittels *lip syncing* verkörpert von Honeit – weitere Stimmen zu der architektonisch-ideologisch umstrittenen Schloss-Rekonstruktion zu Wort, etwa die von Wilhelm von Boddien, der 1992 einen Förderverein für den Wiederaufbau des Schlosses gründete, oder Dr.-Ing. Bruno Flierl, Experte für die Architektur und den Städtebau der DDR sowie Unterstützer des Freundeskreises Palast der Republik. Begleitet wird die Talkshow rund um Ermächtigungsmythen von zwei singenden Cowboys im Glitzerkostüm, die nicht nur den Fall geliebter (Luft-) Schlösser besingen, sondern als queere Figuren den Rückbau konstruierter Hegemonien und patriarchalwestlicher Allmachtsfantasien gleichermaßen verkörpern, während sie von etwas Neuem künden.

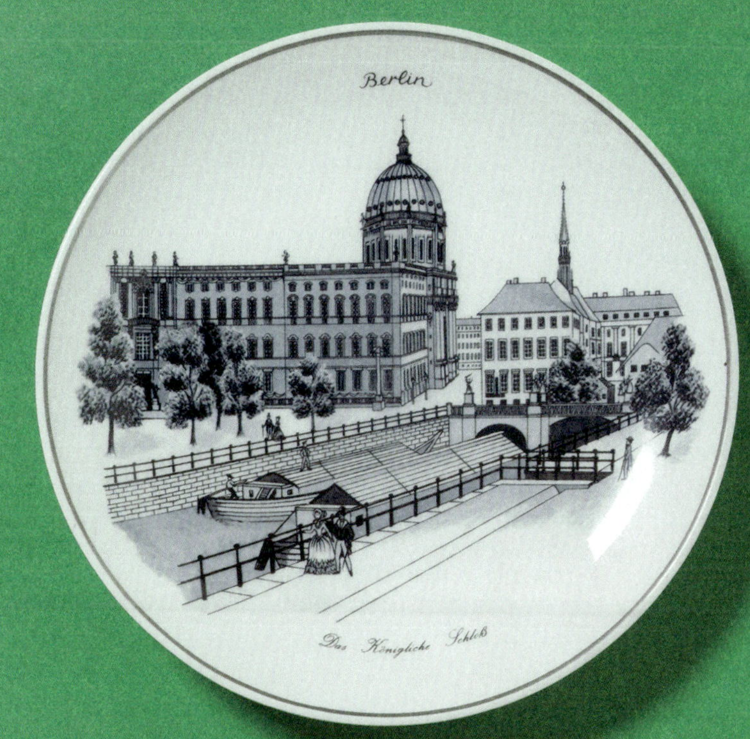

Berlin
Das Königliche Schloß

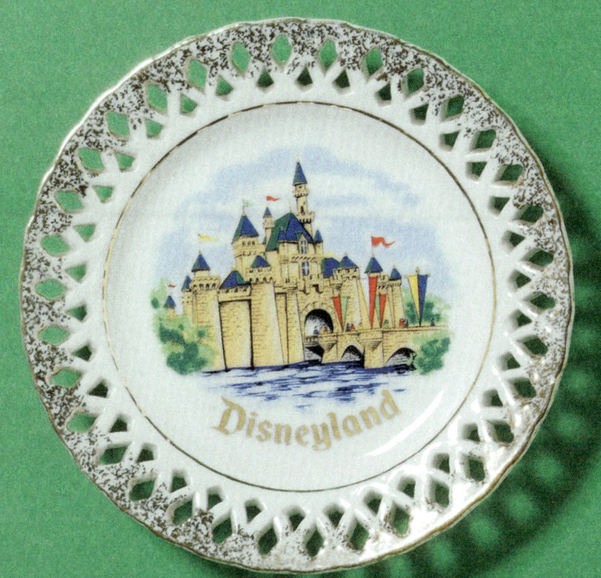

Disneyland

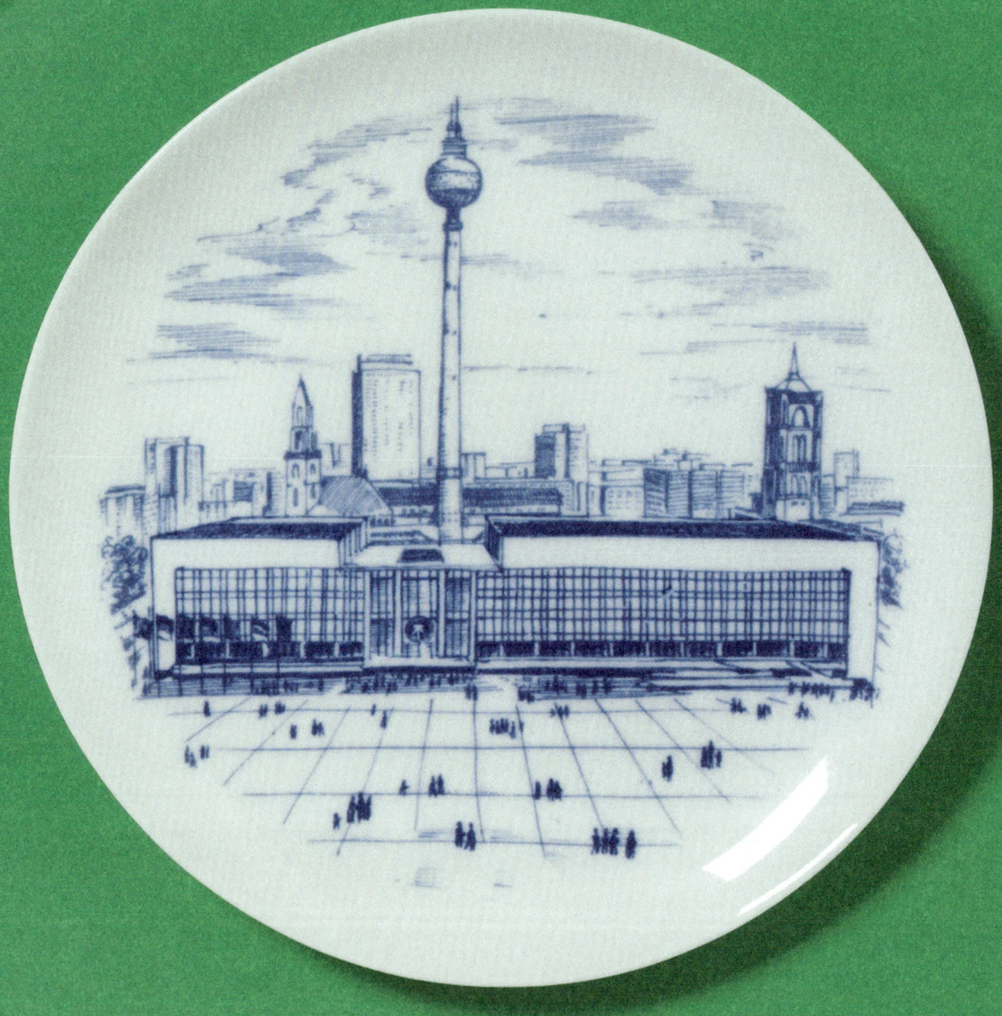

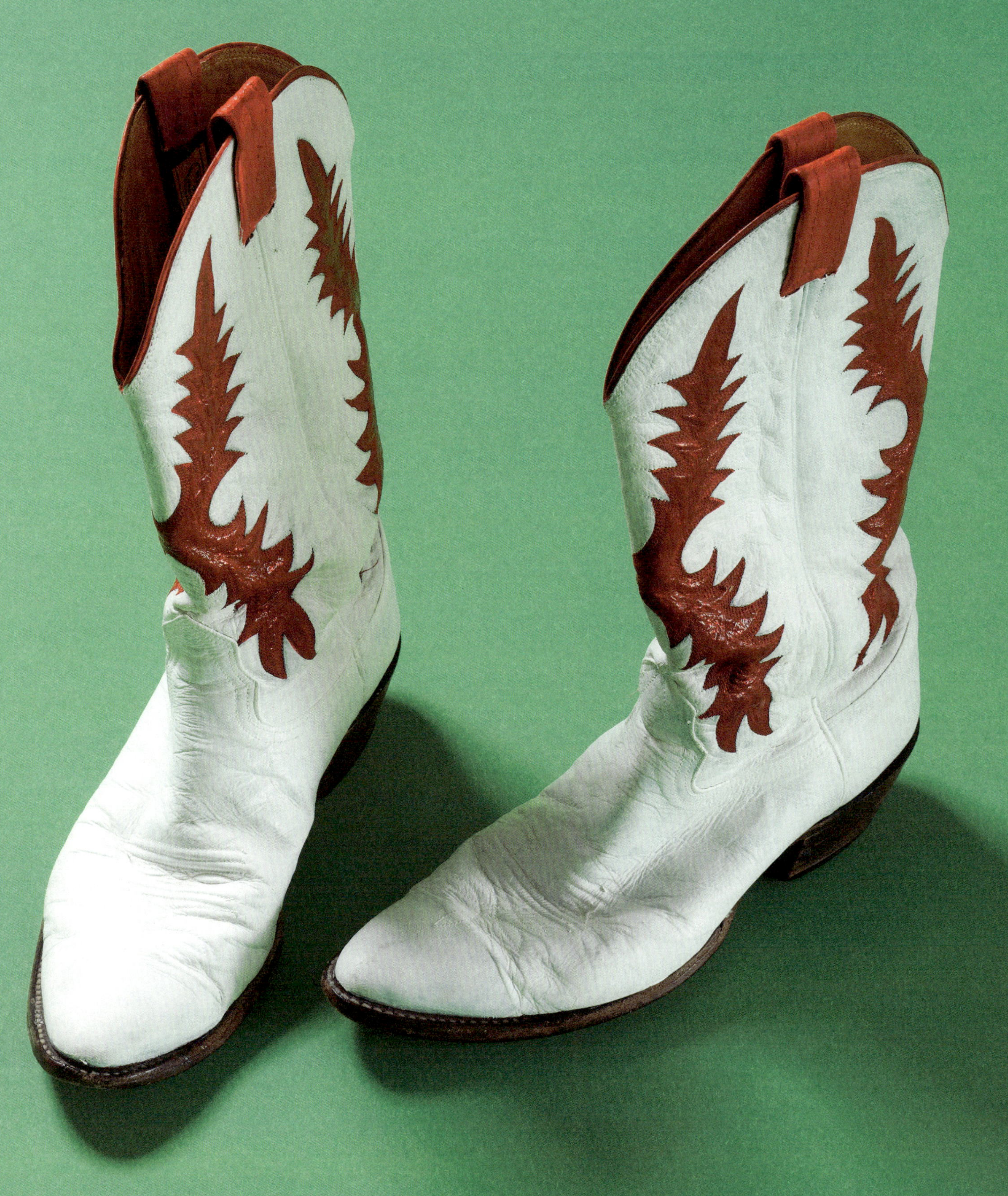

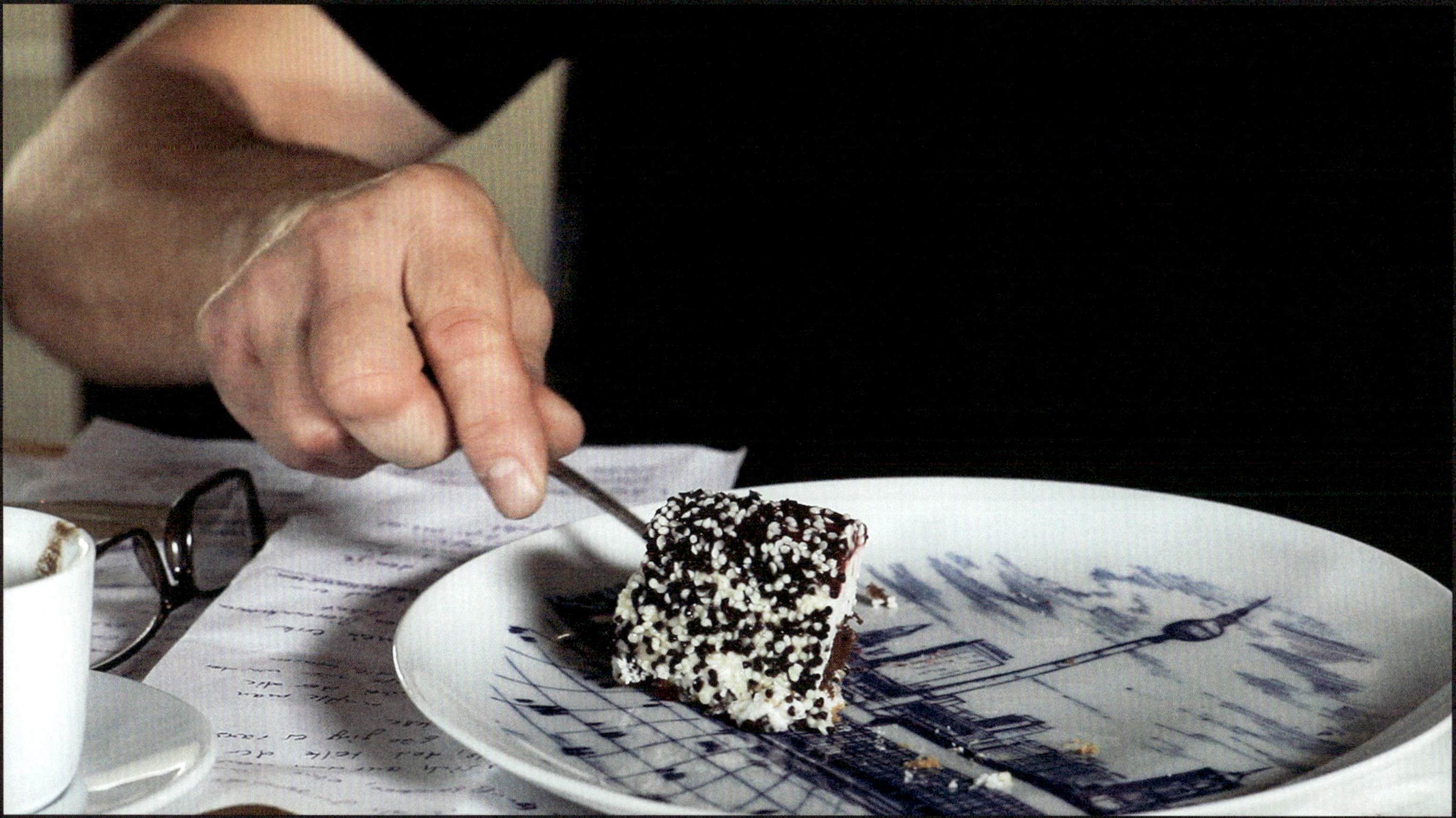

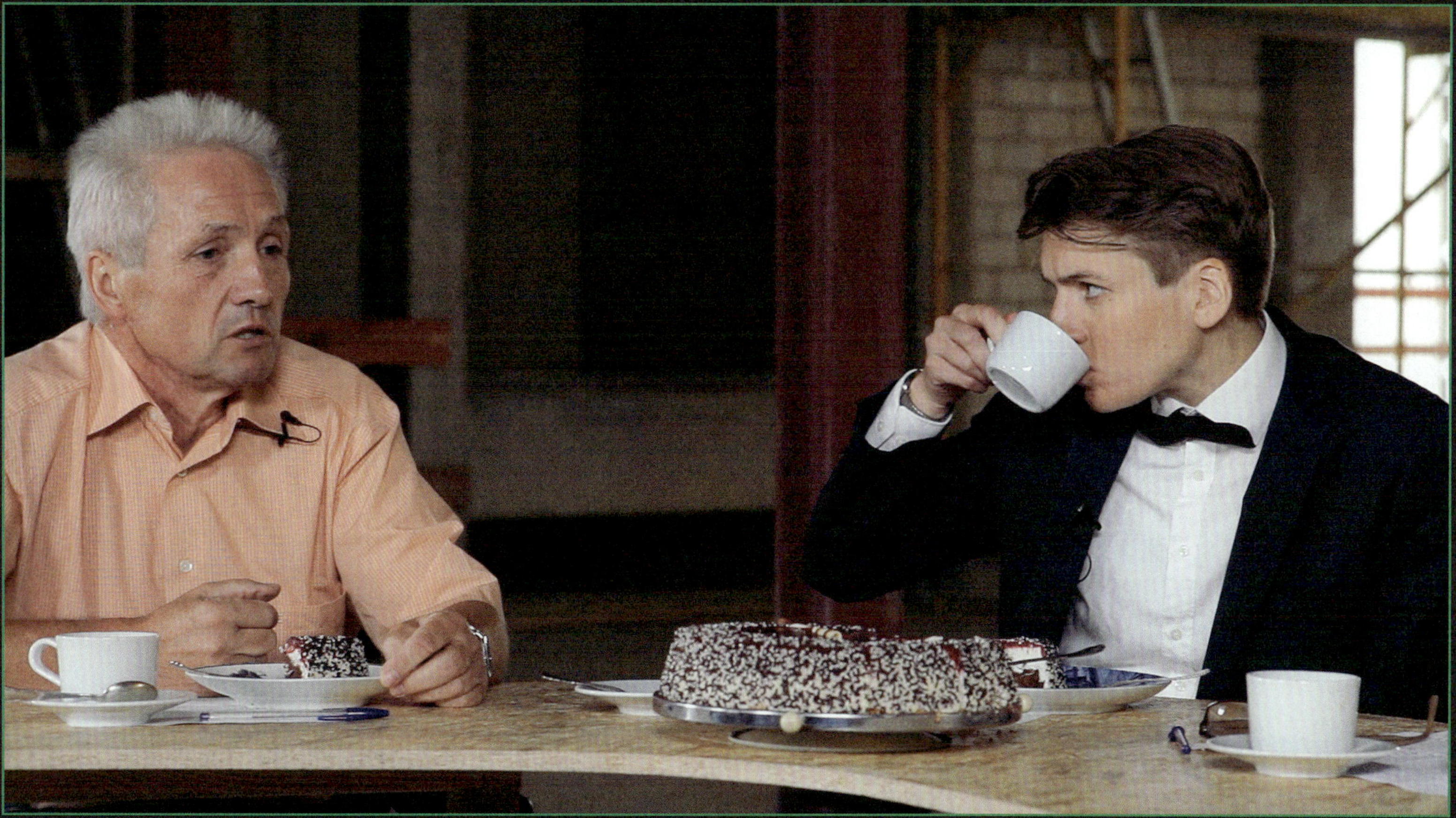

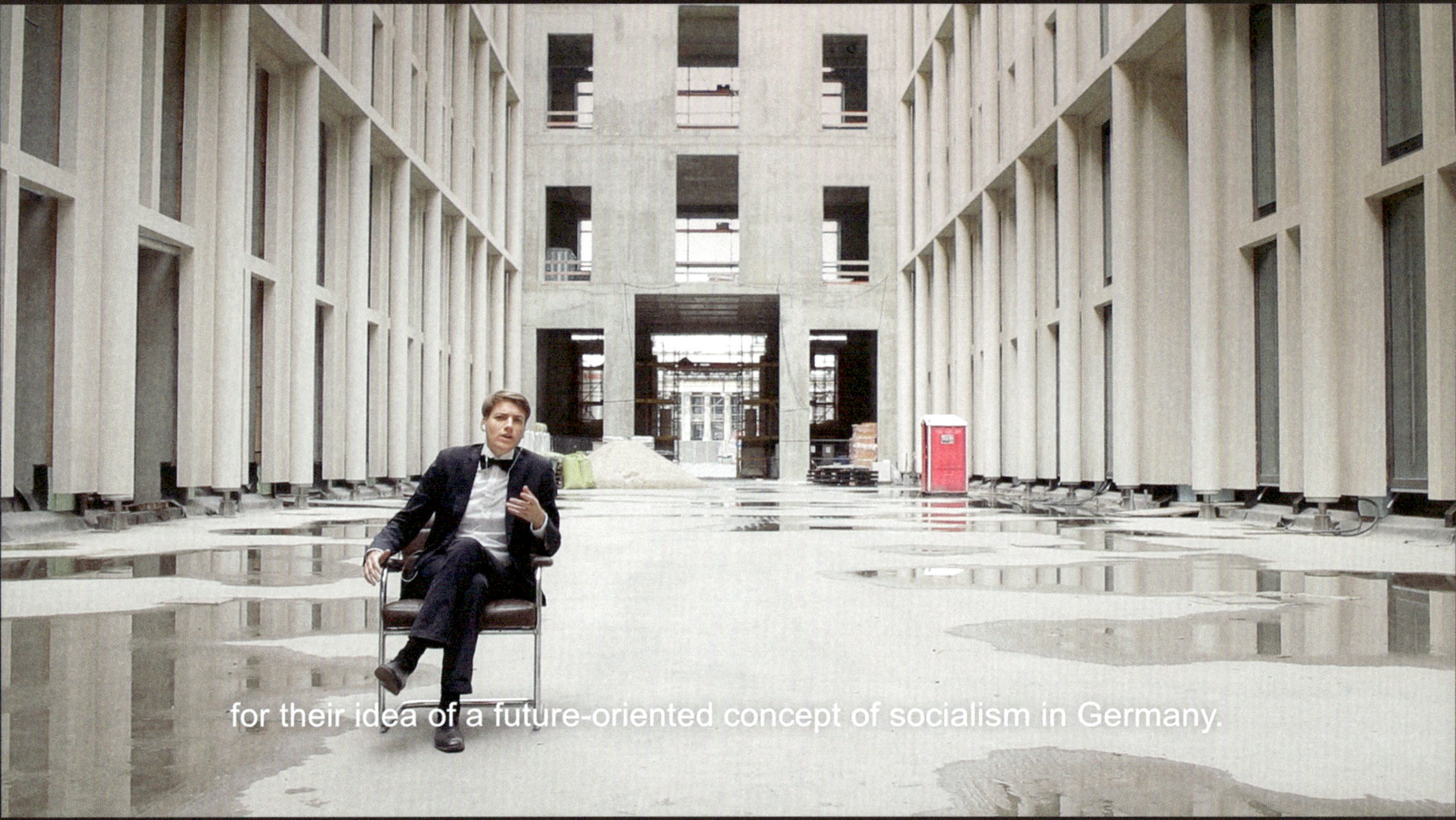

for their idea of a future-oriented concept of socialism in Germany.

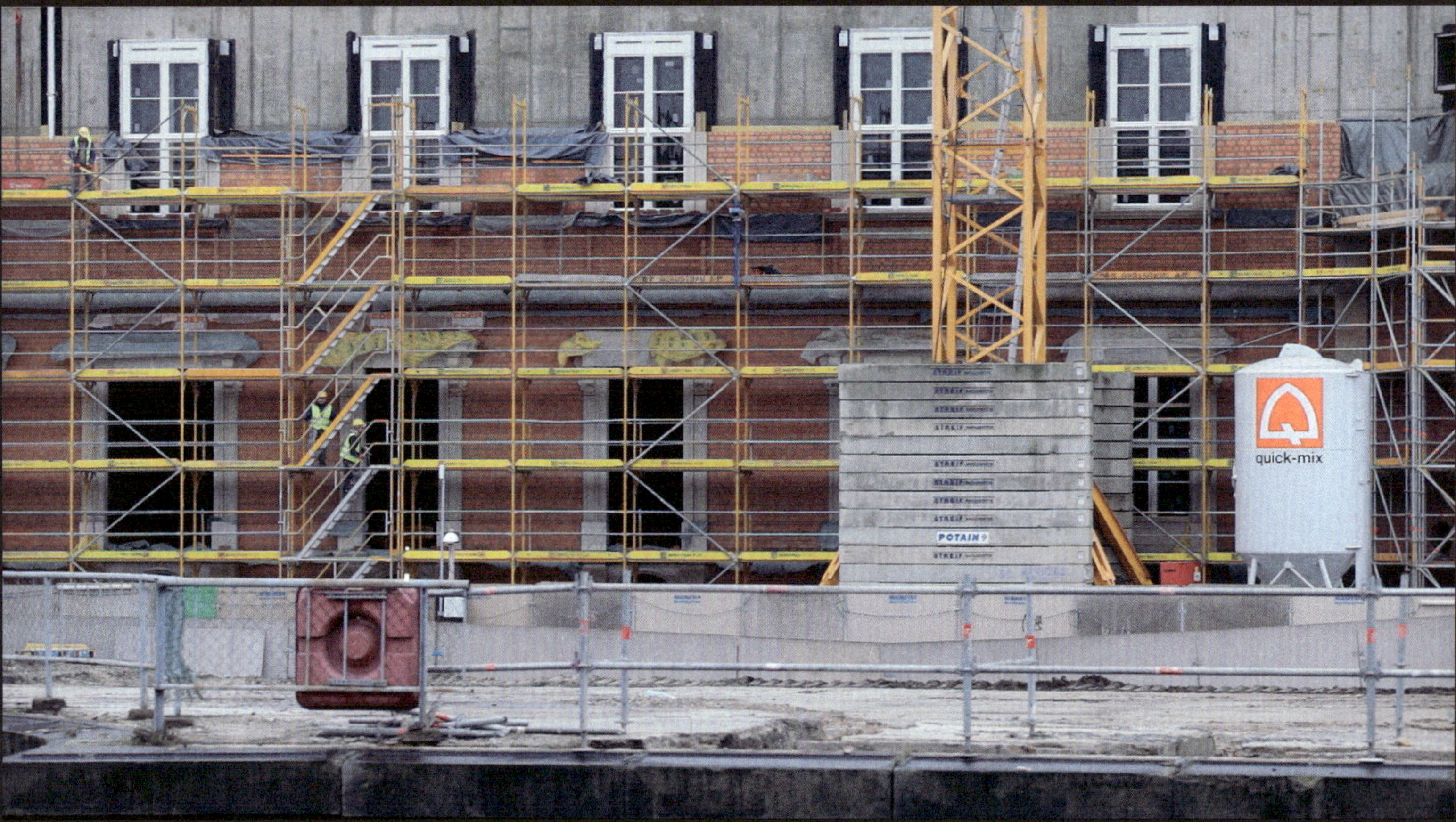

quick-mix

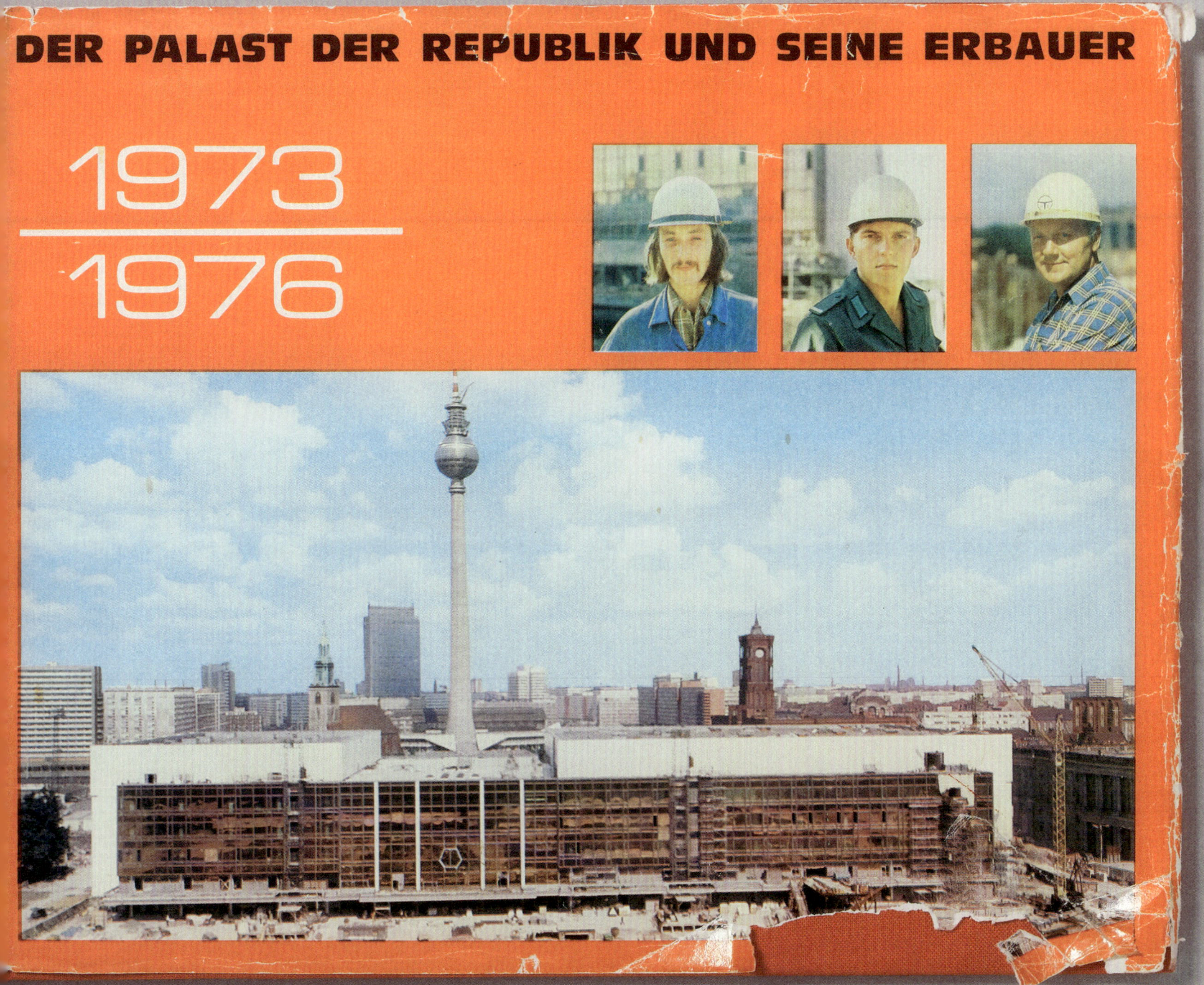

DER PALAST DER REPUBLIK UND SEINE ERBAUER

1973
1976

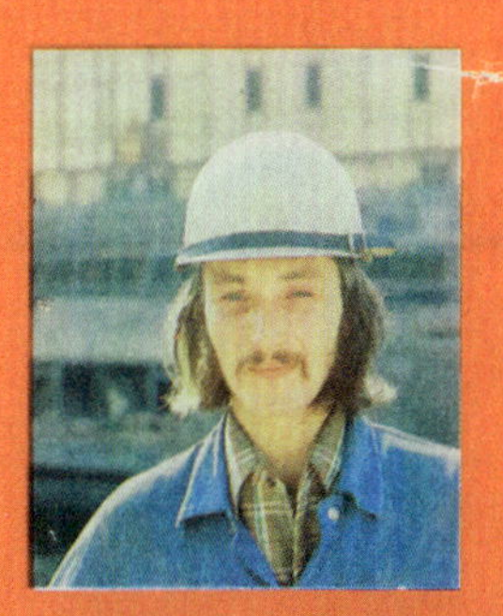 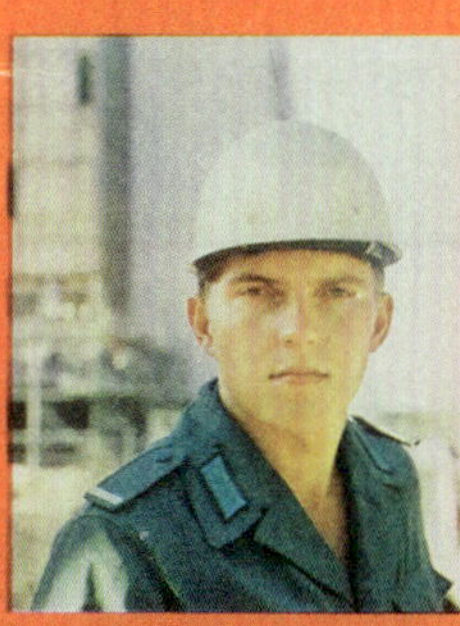 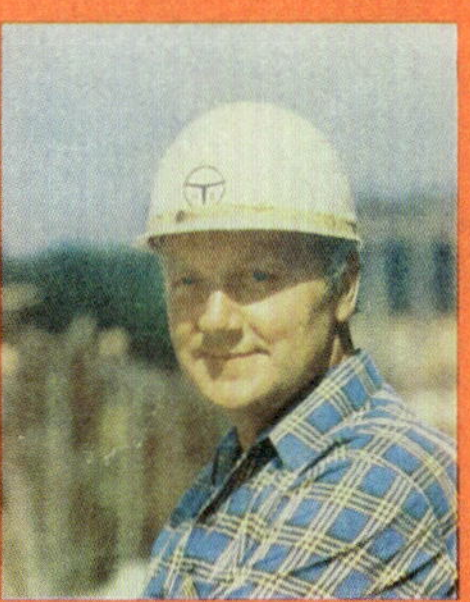

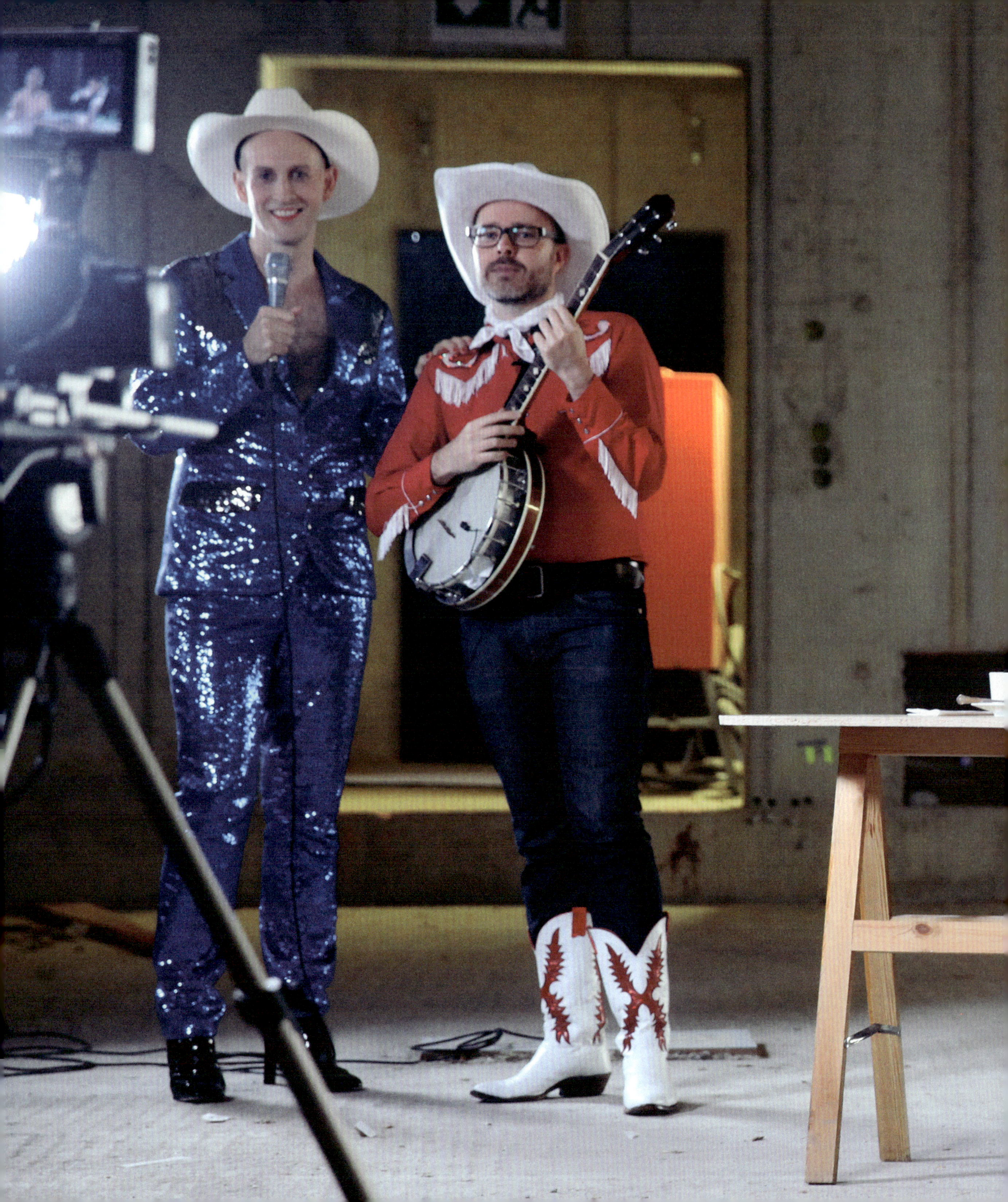

Jürgen Bielefeld, Brigadier im VEB Baukombinat
Dresden

Mir hatte sich im Herbst 1975 eine Ansicht vom
Palast der Republik besonders eingeprägt. Wenn
man vom Alexanderplatz zu Fuß bis zur Baustelle
ging, war für mich der markante Bau von der
Spreeseite her ganz besonders beeindruckend. In
den großen Scheiben spiegelt sich die Silhouette
des Stadtzentrums. Besonders schön ist dieses
Bild in den Abendstunden bei Sonnenuntergang.
Unsere Brigade von Stukkateuren bestand aus 35
Kollegen vom VEB Baukombinat Dresden, die von
Februar bis Dezember 1975 in unserer Hauptstadt
arbeiteten. Insgesamt waren wir über 290 Stukkateure, die 1975 am Palast der Republik tätig
waren, unter ihnen Berufskollegen aus der UVR
und der ČSSR. Qualitätsarbeit schließt unser Berufsstolz ein. Die Gütenote 1 für die Decke im
Plenarsaal der Volkskammer hat uns damals
mächtig Auftrieb gegeben und den Neuerern ein
gutes Zeugnis ausgestellt.
Die rund 1000 Quadratmeter große Decke des
Plenarsaales hätte bei monolithischer Bauweise
einen Arbeitsaufwand von etwa 25 000 Stunden
erfordert. Das ließ Genossen Hohlfeld, Held der
Arbeit und Parteigruppenorganisator unseres Kollektivs, keine Ruhe. Im Gespräch mit Karl-Ernst
Swora, dem stellvertretenden Chefarchitekten,
wurde die Idee geboren, die Decke des Saales
mit vorgefertigten Gipselementen nach einer
neuen Technologie zu montieren. Das wurde der
große Schlager! Die beiden Jugendbrigaden
Brückmann und Jaskulla vom VEB Stuck und Naturstein haben das Projekt verwirklicht und nahezu die Hälfte der ursprünglich vorgesehenen Arbeitszeit eingespart. Die Stukkateurbrigade Howe

hatte im Sommer 1975 eine gut vorbereitete Initiativschicht gefahren. Sie erreichte im Schnitt
statt 4,8 Stunden nur 3,6 für die Montage eines
Quadratmeters Deckenelemente. Die gesammelten Erfahrungen kamen jeder Brigade zugute. Alle
Stukkateurkollektive benötigten ebenfalls nur
3,6 Stunden. Das war der richtige Weg, denn immerhin montierten wir Stukkateure 45 000 Quadratmeter Gipskassettendecken, rund 28 000
Quadratmeter waren in traditioneller Weise ge

putzte Decken. Unsere Brigade arbeitete im Bauteil Volkskammer, brachte Decken im Foyer, in
Treppenhäusern, vielen kleinen Arbeitsräumen
und im Speisesaal für Mitarbeiter im 6. Stock an.
Gute Arbeitsbedingungen für unsere Kollegen
paarten sich mit vorbildlicher sozialer und kultureller Betreuung. Auch im Wohnheim fehlte es an
nichts. Die kameradschaftliche Atmosphäre zwischen allen Kollektiven auf dem Bau tat das ihre
für eine hohe Leistungsbereitschaft.

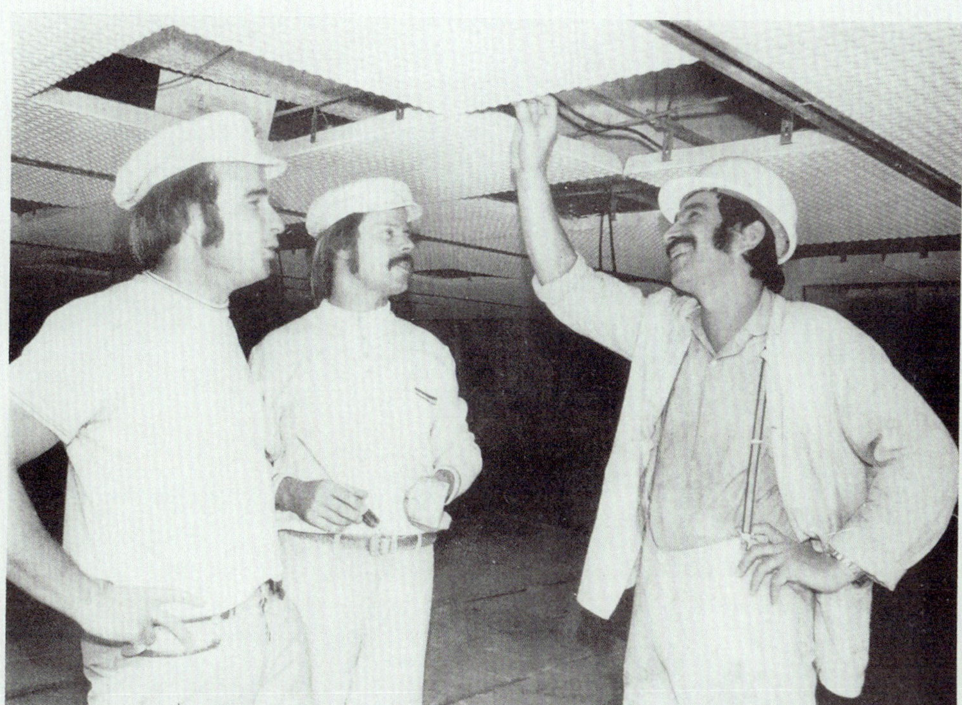

Stukkateure tauschen Erfahrungen über die Montage der Deckenelemente aus (v. l. n. r. Eberhard
Schmutzler, Holger Hanitzsch und Jürgen Bielefeld)

Sich verweigernde Stimmen und anschlagende Streiks *[strikes]*

Benjamin Liberatore

Irgendwann nach dem Ferienlager liegt Aphias Zhe nackt auf dem Boden im Badezimmer. Die kühlen Kacheln lindern den Sonnenbrand auf dem Rücken, die Stille mildert eine starre Trauer. Beunruhigt klopft seine Mutter an die Tür, ruft seinen Namen, spricht kleine vertraute Drohungen aus, er solle rauskommen, *sonst.* Er bleibt reglos liegen und sagt nichts: „Ich bin ein Nichts", sagt Aphias, und es ist dieses Nichts, *das nichts sagt.*[1]

Aphias – „Fee" – ist der Protagonist aus Alexander Chees semi-autobiografischem Roman *Edinburgh*; er ist die vom Autor über Jahre heraufbeschworene „Stimmprothese"[2], die über den bis dahin unaussprechlichen Missbrauch in der Kindheit spricht. Der jugendliche Fee ist fast und doch nicht ganz Chee, der queere, koreanisch-amerikanische Erwachsene, doch ihre Stimmen sind eng miteinander verwoben. Der Junge, der im Badezimmer auf dem Boden liegt und nichts sagt, ist die erste Sopranstimme in einem Knabenchor, durch dessen Reihen sich ein Täter bewegt: Ein charismatischer Chorleiter versammelt, umgarnt und belästigt die Chorjungen, die für ihn, und darauf besteht er, die Unschuld verkörpern.

Der Missbrauch ist etwas Unaussprechliches und so spricht Fee es nicht aus. Auch

Strike and Instrument

Benjamin Liberatore

Sometime after camp, Aphias Zhe lies naked on the bathroom floor. The cool tile is relief for a sunburnt back and the silence some solace for a stuck grief. Worried, his mother raps on the door, calls his name, levels small domestic threats that he appear *or else*. He lies still and says nothing: *"I am nothing"*, Aphias narrates, and that very nothing "is what nothing says"[1].

Aphias — "Fee"—is the protagonist of Alexander Chee's semi-autobiographical novel *Edinburgh*, the "prosthetic voice"[2] its author conjured over several years to speak of theretofore unspeakable childhood abuse. Always yet never quite the authorial Chee, the queer Korean American adult with whom his voice is all bound up, the adolescent Fee who says nothing on the bathroom floor is the lead soprano in a boys' choir through whose ranks a predator is moving: a charismatic conductor collecting, grooming, and molesting the choirboys in whom innocence, he insists, is meant to be embodied.

nicht als Warnung, auch nicht, um seine Freunde vor der Erniedrigung zu bewahren, die mit der Verdinglichung, mit der grausamen Reduzierung von Kind zu Körper einhergeht. Die Scham ist unerträglich, durch die Bloßstellung des Peinigers selbst bloßgestellt zu werden. Unfähig zu sprechen, flüchtet sich Fee in seine Stimme.

*

Wir sprechen in mindestens zwei Stimmen.

Die „wortwörtliche" Stimme ist der abgestimmte, maschinelle Effekt der Resonanzräume und elastischen Bestandteile des menschlichen Körpers: Schwingungen in den Lungen, Vibrationen im Kehlkopf, dann die Übertragung an die Spitzen der Lippen und schließlich der Empfang in den Ohren. Die andere Stimme braucht weder physiologisch, noch überhaupt hörbar zu sein. Trotz ihrer metaphorischen Existenz ist diese Stimme nicht weniger mächtig: *eine Stimme zu haben* ist − ungeachtet einer wohl begründeten Skepsis − im Grunde das Medium und das Versprechen eines Lebens in repräsentativen Demokratien.

Es ist diese polyvalente Stimme, halb Fleisch, halb Fiktion, die nichts weniger als die vollwertige Person gründet und begründet. Für Aristoteles kennzeichnet die Stimme den eindeutigen und klaren Unterschied zwischen beseelten Wesen und unbeseelten Dingen; heute ist diese Einteilung nur vorgeblich säkular bestimmt. Die Stimme trennt als imaginäre Linie die Bürger*innen, die Rechte und damit eine Stimme haben, von denen, die keine haben und auch keine haben *dürfen*. Für das Individuum, das zu einer vollwertigen Person wird und für die Personen, die zum entscheidenden und bestimmenden Teil der Bevölkerung werden „verbirgt die Stimme die Fantasie eines Körpers"[3]− die Fantasie eines sowohl natürlichen als auch politischen Körpers, der souverän und wissend ist. Die Stimme ist das Medium, durch das das sprechende Subjekt sich selbst zeigt und seinen Anspruch auf einen Platz in der Welt erhebt: Es ist sowohl eine Erklärung des Seins − *ich bin* − als auch eine Beschreibung dieses Seins: *ICH BIN DIESES ICH BIN.*

Doch gerade in dem Moment, in dem diese Stimme spricht und sich als souveränes Selbst setzt, wird sie zu einem Akt der körperlichen und gesellschaftlichen Entkörperlichung und Enteignung. Sprechen, eine Stimme haben, sich Gehör verschaffen: All dies beruht darauf, dass der vermeintlich souveräne Körper und die ihm „zugehörige" Stimme etwas aufgeben, damit diese in die Welt geworfen werden kann, in der der Körper notwendig und immer unfreiwillig festhängt. Um in der Welt als eine Stimme, als *meine* Stimme wahrgenommen zu werden und um damit mein *Ich*, was immer es auch ist, einzurüsten, muss ein Laut über meine Lippen, aus mir heraus, von mir weg und in die Welt hinaus, in der andere Menschen, Räume und Dinge damit tun können, was auch immer sie wollen. In genau dem Moment des Aussprechens gehört meine Stimme nicht mehr mir oder nicht mehr nur mir.

Und sie kehrt verändert zu mir zurück. Wir begreifen das in gewisser Weise in den Augenblicken eigener Entfremdung: wenn wir die Aufnahme unserer eigenen Stimme hören oder wenn unsere Stimme wie jetzt so oft auf Zoom verzögert und geloopt zurückbleibt; wir zucken erschreckt zusammen, wenn wir unseren Wörtern aus fremden Mündern begegnen. Wir kennen das auch als kollektives Phänomen, dann wenn die „gesellschaftliche Stimme" − bei Wahlen, bei Referenden oder bei Protesten realer und imaginierter Stimmloser − kaum mit unseren Vorstellungen über den politischen Körper des Staates übereinstimmt. In beiden Fällen ist unsere Antwort ein ablehnender Aufschrei: *Das ist nicht, was wir sind.*

So wird die Stimme zu einer Konfrontation mit einer existentiellen Desorientierung und Verletzlichkeit: Die Stimme, die das Selbst erst hervorbringt, erklärt sich selbst als autonom und sagt in der Zirkulation zwischen körper-

The abuse is unspeakable, so Fee does not speak of it. Even in warning, even to spare his friends the kind of unbecoming that comes of objectification, of the brutal reduction of boy to body, he cannot bear the shame of finding himself exposed through the exposure of his abuser. And unable to speak, Fee takes refuge in his voice.

*

We tend to speak of at least two voices.

One voice, the 'literal' voice, is something like the coordinated, mechanical effect of the resonant spaces and elastic components of the human body: oscillation in the lungs, vibration in the larynx, transmission on the brink of the lips, and reception on the ear. The other voice need not be physiological, nor need it be audible at all. This voice is no less powerful for being metaphorical: *to have a voice*, after all, is the promise and the medium—however skeptical we are right to be—of life in representative democracies.

This multivalent voice, part flesh and part fiction, founds and grounds nothing short of full personhood. For Aristotle, it was voice that marked the bright, clean break between ensouled beings and soulless things; today, its cleaving only allegedly more secular, voice exists at the imaginary line separating the rights-bearing citizen—who has a voice—from the alien, who does not— and who *must* not. For the individual who would be fully a person and the persons who would be fully and genuinely a people, "the voice secretes a fantasy of a body"[3]— a fantasy of a human body and a body politic whole, sovereign, and knowing. The voice is the authority through which the speaking subject reveals itself, stakes its claim for a place in the world. It is both a declaration of being—*I am*—and an account of what this being is: *I AM THAT I AM.*

Yet this voice, in the moment of its coming to be, of declaring itself the locus of the sovereign self, is precisely an act of disembodiment, of dispossession both corporeal and social. To speak, to have a voice, to make oneself heard: each and all of these is to relinquish something of the putatively sovereign body and the voice that 'belongs' to it, to cast it out into the world in which that body necessarily, ever non-consensually, finds itself suspended. In order to appear in the world as a voice, to appear as *my* voice and thus to scaffold whatever it is that I am, a sound has to go past my lips, out of and away from me, into a world of other people, spaces, and things who will do with it what they will. In the very moment of its voicing, my voice becomes no longer mine, or no longer mine alone.

And it comes back to me changed. We recognise this, at some level, in moments of visceral misrecognition: we know it intimately when we hear our recorded voices played back to us—or, increasingly, when they lag and loop behind us on Zoom— and wince on encountering our words in strangers' mouths; we know it more collectively when 'the people's voice'—in election, in referendum, in the riots of the

licher „Innenwelt" und der „Außenwelt" „mehr oder sagt es anders als sie es zu sagen beabsichtigte"[4]. Was auch immer und wie auch immer diese Stimme ist, der Körper wird immer daran scheitern, sie ganz zu fassen.

*

Dieser sich durch den zur Stimme fähigen Körper hindurchziehende Riss wäre vielleicht ein schreckliches Versagen, wenn die Welt und ihre Körper hermetisch abgeschlossen wären; so aber ist dieser Riss nur genauso erschreckend wie andere entkörperlichte Stimmen: gewaltig und überwältigend; belebt wie der Gott der Wolken und brennenden Büsche, wie die Vorstellung des großen und mächtigen Zauberers von Oz[5], vereint in ihrem schöpferischen Vermögen, uns zu bewegen, zu beschützen, zu erlösen. In dieser Diskrepanz zwischen Körper und Stimme liegt die Möglichkeit einer anderen Form des Seins.

Das erkennt auch Fee, wenn er singend begreift, was ihm auszusprechen unmöglich bleibt: Auch wenn seine Stimme nichts *sagt*, kann sie eine Fluchtlinie durch und über den schmerzenden Körper hinaus anschlagen *[strike]*, durch und über die Welt hinweg, die sich schon gegen sie aufgestellt hat. Der Mann, der die Jungen zu Instrumenten der Unschuld machen will, bringt die Chorjungen dazu, sich ihre Körper als Glocken vorzustellen: mitschwingende und zur Schönheit befähigte Objekte, die aber, unfähig von alleine zu klingen, eines Eingriffs bedürfen. Fee widerspricht dieser Vorstellung, auch wenn er durch das unaussprechliche Trauma zum Schweigen gebracht wird, und erkennt seinen Widerspruch in dem ekstatischen Augenblick, wenn er völlig neben sich selbst und neben den anderen singend im Chor steht. „Wir waren nichts, was er nur anzuschlagen brauchte, und schon war er da, der Ton", wendet er ein und beharrt darin auf ein Wissen, das dieser Mann, ungeachtet seines Angriffs, nicht begreifen kann. „Wir waren Instrument und Schlag *[strike]* in einer Person."[6]

Fee unterscheidet zwischen dem, was *ist*, weil es *war* und dem, was *sein könnte*, obwohl es *nicht gewesen ist*. Als Instrument hängt der singende Körper davon ab, was da *ist*, und er funktioniert mit dem, was er *hat*: dem Kehlkopf, der Zunge, den Lippen, den Lungen; den präzisen Schwingungen der gerade noch dimorphen Stimmfalten; und dem, was sich bewegt, sich überträgt: die ausgestoßene Luft. Als Instrument klammert sich die Stimme an den Körper, der sie hervorbringt.

Der singende Körper birgt das Potential, einen Raum für dasjenige zu öffnen, das noch nicht ist, aber doch sein könnte, so wie auch die Verweigerung und der Streik *[strike]*. Die Stimme ist im Wesentlichen eine Störung: eine Unterbrechung des Luftstroms innerhalb des Körpers und darüber hinaus. Sie geht der Bedeutung voraus, sie geht der Verständlichkeit voraus. Die Stimme im Streik *[strike]* ist dieser äußerste Rand, dieses prekäre Moment, das dem Klang, der Resonanz, dem Instrument vorausgeht, noch bevor die Welt mit ihren vorbestimmten Räumen und Gegenständen alle möglichen Frequenzen nach ihren vorherrschenden Formen und Verständnissen hier absorbiert und dort wieder verstärkt. In ihrer Verweigerung *[strike]* wird die Stimme zu dem, was auch immer hätte sein *können*, bevor die rohe instrumentelle Gewalt des *Bestehenden* alle möglichen Welten, alle möglichen Körper, alle möglichen Verhältnisse eines anderen Seins herausfiltert und zerstört.

Fees Stimme wird weniger durch Lippen und Kehlkopf angeschlagen *[strike]* als vielmehr durch Farben und Licht: hier als das durch bunte Fenster fallende Sonnenlicht, dort als langsam sich ausbreitendes Feuer – als Begehren, Schrecken, Liebe. Die Stimme erweckt die Vorstellung eines Körpers, aber in anderer Form: Eine Art neuer Muskel entsteht, der sich aus den Stimmen der Jungen zusammensetzt und das Gerüst einer ständig aufsteigenden Tonleiter bildet, so arrangiert, um gemeinsam die Luft und Atmosphäre in Unruhe zu versetzen. Diese Stimme schlägt *[strike]* bei Fee wie die Stimme eines Bauchredners an: In seinem

real and imagined voiceless—bears little resemblance to what we imagine our body politic to be. The response in both cases is a cry of repudiation: *this is not who we are.*

Thus does the voice stage a confrontation with existential disorientation, with vulnerability: the voice that brings the self into the world, announces itself as autonomous, in spite of its self "says more, or says differently, than it means to say"[4] in the circuit between the 'inner' body and the 'outside' world. Whatever and however this voice may be, the body will always fail to fully contain it.

*

This leak sprung in the vocalising body is a terrible failure, perhaps, if the world and its bodies must be air-tight; but it is terrible like so many disembodied voices are terrible: awesome, mighty; alive, like the God of the cloud and burning bush, like the Great and Powerful Oz[5], with a creative capacity to move, to shelter, and to deliver us. In the mismatched space between the body and the voice springs up the possibility for another kind of being.

This is what Fee recognises— what, in singing, he seizes upon even as he finds himself unable to speak: his voice, even if it says nothing, can strike for him a line of flight through and beyond the body in pain, through and beyond a world already ordered against it. The man who would make boys instruments of innocence and otherwise directs his cote of choirboys to imagine their bodies as bells: resonant objects, yes, and capable of beauty, but in need of intervention, unable on their own to chime. Fee, though through unspeakable trauma struck otherwise dumb, disagrees, and realises his disagreement in the momentary ecstasy that comes of being utterly beside oneself, beside others, in choral singing. "We weren't something struck to make a tone", he objects, insisting on a knowledge that this man, no matter his groping, cannot grasp. "We were strike and instrument both."[6]

Fee's distinction is between what *is* because it *has been* and what *might be* even though it *has not*. As the instrument, the vocalising body depends on what there is, works with what it has: larynx, tongue, lips, lungs; the *just-so* vibration of barely dimorphic vocal folds. Something for travel, for transmission: expelled air. In the instrument, the voice cleaves tight to the body that bodies it forth.

But as the *strike*, the vocalising body is pure potential, opening a space for what is *not* but which *may yet be*. The striking voice is fundamentally a disruption: an interruption of the flow of air within and beyond the body. It precedes meaning, precedes intelligibility. The voice as strike is the very brink of something, the moment just barely anterior to mechanism, to resonance, to sound, before the world and its so many pre-set spaces and things will here absorb and there amplify all once-possible frequencies according to its preexisting shapes and sympathies. In striking, the voice is whatever *might* happen before the brute instrumental force of what is culls possible worlds, possible bodies, possible relations for dwelling in.

Körper, durch seinen Mund hindurch singen die Stimmen der anderen und aus den Mündern der anderen vernimmt er seine eigene.

Für Fee, wie für so viele andere, für die es unmöglich ist, zu sprechen und die stattdessen weinen oder schreien oder singen, platzt die Stimme in dem Moment heraus, wenn ein sich unerträglich fühlender Körper, die Welt, so wie sie *ist*, nicht mehr ertragen kann. Der Körper, durch „race", Sexualität und Alter markiert, objektiviert, belästigt und beraubt, befreit sich im Singen für einen kurzen Augenblick von sich selbst, von der Last seiner Erscheinung, von der Notwendigkeit sein eigenes Anderssein vor einem Gericht zu begründen, dessen Gesetze nicht darauf ausgerichtet sind, ihn anzuerkennen. Singend entzieht sich Fee der Lesbarkeit und Verständlichkeit, die von einer Welt eingefordert werden, die er als unerträglich empfindet; Fee lässt nicht das Wort oder das Fleisch, sondern „die Stimme übermittel[n], was mit Worten nicht ausgedrückt werden kann".[7] Es ist das Anschlagen und die Verweigerung *[strike]* der singenden Stimme, die Fee ermöglicht, eine lang ersehnte Abwesenheit zu imaginieren, zu begehren, zu realisieren, wenn auch nur für einen noch so flüchtigen Augenblick: Es ist das Gefühl einer Stimme, die den eigenen Körper verlässt, „sich von ihren Saiten löst" und sich „von ihren Stimmbändern losmacht und emporsteigt, den Körper abstreift, wie ein Kormoran das Wasser abstreift"[8] und Fee von den Grenzen seines eigenen Körpers entpflichtet zurücklässt.

*

Auf dem Boden im Badezimmer liegend, sonnenverbrannt und stumm, ist Fee „nichts", weil ihm etwas angetan worden ist. Er ist nichts, weil er – das Instrument, das er ist – falsch angeschlagen *[strike]* und zurückgelassen wurde, ohne darüber sprechen zu können. Wenn Fee jedoch singt, dann fliegt er, befreit von seinem Körper, dann erkennt er die ande-

ren Chorjungen an den Berührungen ihrer Stimmen, dann löst er sich im Licht des Regenbogens auf, bricht als schwärmendes Feuer aus und entledigt sich glücklich seines schweren Selbst – er ist nichts *trotz dem*, was ihm angetan wurde. Er ist nichts, ganz so wie die Verweigerung und der Streik *[strike]*.

Für Fee ist die Stimme das, was für W.H. Auden die Dichtung ausmacht, nämlich dasjenige, was „nichts bewirkt"[9]; weit davon entfernt, ein Versagen zu sein, beschreibt dies das poietische Potential der Stimme, ihre eigentlich schöpferische Arbeit, *nichts* geschehen zu lassen. Was für eine Befreiung ist dieses *Nichts* für den Körper, dem *etwas* angetan wurde. Und wie angemessen für ein anschlagendes, sich verweigerndes, streikendes *[strike]* Etwas.

Was schließlich ist die Arbeit, die eine Verweigerung, ein Streik *[strike]* verrichtet? Es ist ein vorsätzliches Nichts. Ein Stillstand der Arbeit, der Produktion, aber nur einer bestimmten Form: einer Produktion, die abstumpft, einer Anstrengung, die einschränkt, einer Arbeit, die ausbeutet. Wenn das, was ein Streik *[strike]* sich imaginiert und zu realisieren sucht, von der Welt, so wie sie ist, als unvernünftig und widerspenstig betrachtet wird, dann bedeutet das nicht, dass der Streik *[strike]* nicht produktiv ist. In der Tat ist es genau das, was der Streik *[strike]* hervorbringt: Er besteht darauf, etwas herbeizuführen, das es noch nicht gibt. Ich werde nicht arbeiten, sagt der Streik *[strike]* wie die sich verweigernde *[strike]* Stimme. *Nicht in der Welt, wie sie ist; nicht für die Welt, wie sie ist. Etwas anderes ist möglich.*

Wir könnten uns die Stimme als Anschlag, als Verweigerung und Streik *[strike]* dann vorstellen, wenn wir ihr inhärentes Versagen, ihre Neigung, *nicht* zu arbeiten, annehmen statt sie abzulehnen: dann, wenn wir die Stimme von der unmöglichen Last eines glücklichen, vollständigen und autonomen Subjekts befreien, das die Logik der Welt wie sie ist verkörpert. Was die Stimme bewirkt, was der Streik *[strike]* herbeiführt, ist dieses *Nichts* in all seinen Möglichkeiten: ein fröhliches Nichts, ein

Fee's voice strikes him as something less of lip and larynx and more of colour and as light: here as the sun through stained glass, there as fire—desire, terror, love—slowly spreading. It suggests a body but differently: a kind of new muscle built from the voices of other boys, scaffolded on ever-ascending scales and marshalled for the collective troubling of air and atmosphere. Voice strikes Fee as ventriloquism: the voice of another somehow in his body, singing through his mouth, and his voice singing through theirs.

For Fee, as for so many who, unable to speak, have instead cried or screamed or sung, the voice surges up when a body that feels unbearable in the world that is can just about bear no more. Racialised, queered, held in suspense by age; objectified, molested, bereaved, the body, in singing, is temporarily relieved of itself, of the burden of appearance, of testifying to its own otherness in a court whose laws are not designed to recognise it. To sing, for Fee, is to slip beyond the demands of legibility placed on him by a world that feels unbearable, to let the voice, not the word or the flesh, "be the bearer of what cannot be expressed"[7] any other way. It is through the voice striking out in singing that Fee imagines, desires, and every so often, ever so fleetingly, realises a kind of longed-for absence: the sensation of a voice that might "unstring itself" from his body, might "rise free of the vocal cords, shed the body like a cormorant sheds the sea"[8], leaving him unconscripted by the body's bounds.

*

When Fee is "nothing", scorched and silent on the bathroom floor, he is nothing because something has been done to him. He is nothing because something has struck him, the instrument of him, awry, and left him unable to speak. When in singing, though, Fee flies free of his body, knows his fellow choirboys through the touch of their voices, dissolves into rainbow light, bursts into adoring flame, and gladly shucks the heavy him of himself, he is nothing in spite of what has been done to him. He is nothing as the strike.

For Fee, the voice, as Auden claims of poetry, "makes nothing happen"[9]; far from a failing, this is voice's very poietic potential, its work of creation: making *nothing* happen. What a relief is *nothing* for the body to which *something* has happened. And how fitting of a striking thing.

What, after all, is the work of a strike? A kind of deliberate making nothing happen. A stoppage of work, of production, but only of a certain kind: production that deadens, labour that limits, work that exploits. If what a strike imagines, what it seeks to realise, the world as-is would regard as unreasonable, or unruly, then this does not mean that a strike is unproductive. Indeed, it is precisely for this that a strike creates: it insists on bringing about something that is not yet. *I will not work,* says the strike, says the voice as strike. *Not in the world that is; not for the world that is. Something else is possible.*

grenzenloses Etwas, ohne Zentrum oder Rand, gegen die Logik dessen gerichtet, was ist und was war.

Auden schreibt, und ich wiederhole mich: „Denn Dichtung bewirkt nichts: sie überdauert / Im Tal ihrer Erzeugung […] sie überdauert, / Eine Art Zufall, einen Mund."[10] So überdauert die Stimme im Tal ihrer Verweigerung *[strike]*, so überleben die Singenden im Singen, in diesem ausgedehnt atmenden, sich öffnenden Raum, in dem sich Stimme und Körper gegenseitig exartikulieren. Ein Mund. Ein Anschlag. Eine Verweigerung. Ein Streik. Ein Ereignis. Ein sich ereignendes Überleben.

1   Alexander Chee, *Edinburgh*, übers. von Nicola Heine, Timm Stafe (Berlin: Albino Verlag, 2020a), S. 34.

2   Alexander Chee, *Wie man einen autobiographischen Roman schreibt*, übers. von Nicola Heine, Timm Stafe (Berlin: Albino Verlag, 2020b), S. 275.

3   Steven Connor, *Dumbstruck: A Cultural History of Ventriloquism* (Oxford: Oxford University Press, 2000), S. 37. [Übers. von bellu&bellu]

4   Judith Butler, zitiert nach Michelle Duncan, „The Operatic Scandal of the Singing Body: Voice, Presence, Performativity", in: *Cambridge Opera Journal*, Bd. 16, Nr. 3, S. 283–306. [Übers. von b&b]

5   In der Verfilmung von 1939 von L. Frank Baums Roman *The Wonderful Wizard of Oz* tritt der Zauberer von Oz den umherirrenden Protagonist*innen nur als dröhnende Stimme in Erscheinung, die jene Flammen und Rauchschwaden zu beherrschen scheint, die das einzig von ihm Sichtbare säumen: ein furchterregendes smaragdgrünes, meterhoch über dem Thron schwebendes Gesicht. Erst am Ende des Films wird dieser Oz als Trick entlarvt: der technologische Schwindel eines unglücklichen alten, hinter einem Vorhang kauernden Mannes, dessen ganze Macht und Magie nur dadurch entstand, dass sich seine mächtige Stimme von seinem schwachen und sterblichen Körper abspaltete.

6   Chee 2020a, S. 104.

7   Mladen Dolar, *His Master's Voice. Eine Theorie der Stimme*, übers. von Michael Adrian, Bettina Engels (Frankfurt a. M.: Suhrkamp, 2007), S. 45.

8   Chee 2020a, S. 105.

9   W.H. Auden, „Zum Gedenken an W.B. Yeats", übers. von Ernst Jandl, in: *Auden. Gedichte* (Wien: Europa Verlag, 1973), S. 35–39.

10   Ebd.

We might think of the voice as a strike when we embrace rather than abhor its built-in failure, its tendency not to work: when we relieve it of the impossible burden of felicitously, wholly, and autonomously bodying forth a subject according to the logics of the world as-is. What the voice makes happen, what the strike effects, is the thing called nothing in all its possibility: joyous nothing, that thing without border or center or bound, against the logics of what is and what has been.

"Poetry", wrote Auden, and here I reiterate, "makes nothing happen". Rather, "it survives / in the valley of its saying… it survives, / a way of happening, a mouth."[10] So survives voice in the valley of its striking, and so survives the singer for his singing, in that wide breathing room that opens where voice and body disarticulate. A mouth. A strike. A happening. A way of happening to survive.

1   Alexander Chee, *Edinburgh* (Boston & New York: Mariner Books, 2016), p. 13.

2   Alexander Chee, *How to Write an Autobiographical Novel* (Boston & New York: Mariner Books, 2018), p. 201.

3   Steven Connor, *Dumbstruck: A Cultural History of Ventriloquism* (Oxford: Oxford University Press, 2000), p. 37.

4   Judith Butler, quoted in Michelle Duncan, 'The Operatic Scandal of the Singing Body: Voice, Presence, Performativity', in: *Cambridge Opera Journal*, vol. 16, no. 3, 283-306.

5   In the 1939 film adaptation of L. Frank Baum's novel *The Wonderful Wizard of Oz,* the eponymous Wizard first appears to the story's wandering protagonists primarily by way of his booming voice, which seems to command the plumes of fire and smoke that flank the only visible part of himself: a frightful emerald face projected meters high above a throne. Only in the film's denouement is this Oz revealed as a trick: the technological humbuggery of a hapless old man cowering behind a curtain, deriving all power and magic by the splitting of his mighty voice from his meek and mortal body.

6   Chee 2016, p. 71.

7   Mladen Dolar, *A Voice and Nothing More* (Cambridge, Mass.: MIT Press, 2006), p. 30.

8   Chee 2016, p. 72.

9   Auden, W.H, 'In Memory of W.B. Yeats', in: *Auden: Collected Poems* (New York: Modern Library, 2007), p. 246.

10   Op cit.

['zi:lo]5

"To keep or delete?" one voice asks another off-screen. It is part of an emancipating voice-over chorus that seems to write its own script in the video piece *['zi:lo]5*. The chorus has just laboriously worked its way through a cryptic quote by the architect Le Corbusier – a passage taken from his manifesto *Towards a New Architecture*. Visually, there are long filmic *tableaux vivants* of a gigantic silo complex, once the world's largest. The contemporary industrial ruin in Montreal is a monument to colonial extractivism and modernist megalomania, as undesirable as it is unavoidable. As late as 1923, Le Corbusier still celebrated this building complex as the future of all construction.

With the help of the voice-over chorus, *['zi:lo]5* explores the practices and politics of storage. Just as the modernist steel and concrete silo building is, voice and language, albeit much more complex, are also architectures of storage. "Storage," one voice reads, "is carried out for a limited amount of time… to retrieve that which is stored for later use". Another off-camera voice asks "Where are we?" "In between now and later, in between speaking and storing," comes the answer. The video work, performed in French – the official language of Quebec – and English, contains text stills stating that other languages are absent. The language of the Mohawk community, for example, has been violently marginalised as a site of storage and activation by the now dominant languages.

The video footage and chorus visits different protagonists and sites of storage, discussing and demonstrating the automated gestures of storage, recording how the act of collecting writes itself into the body, which becomes a storage facility itself. An adolescent voice counting "Number 17, number 20, 21, …" is embodied through lip syncing, the voice taken from a YouTube channel, in which the comic collectors issue numbers are recanted from a child's bedroom that has grown into a comic shrine; the rhythmical enumeration becoming the score for the entire video work. Together with the chorus, with Honeit as the archivist, the score guides us through different storage sites with their collections and accumulations, which on closer inspection reveal themselves as agglomerations of voids and omissions.

['zi:lo]5 (2018/2019), 17'17"
Video / installation, monitor or projection
Video / Installation, Monitor oder Projektion

„To keep or delete?", fragt eine Stimme aus dem Off die andere. Sie ist Teil eines Chors sich emanzipierender Voiceover-Stimmen, die in der Videoarbeit *['zi:lo]5* ihr eigenes Skript zu schreiben scheinen. Zuvor haben sie sich mühselig durch ein kryptisches Zitat des Architekten Le Corbusier gearbeitet, eine Passage aus seinem Manifest *Towards a New Architecture*. Auf der Bildebene sind längere filmische *tableaux vivants* zu sehen, die eine gigantische Siloanlage zeigen – einst die größte der Welt. Die heutige Industrieruine in Montreal ist ein ebenso unerwünschtes wie unübersehbares Monument kolonialen Extraktivismus und modernistischen Größenwahns. Noch 1923 feierte Le Corbusier in seinem Manifest diesen Gebäudekomplex als Zukunft aller Bauwerke.

['zi:lo]5 untersucht mithilfe der Stimmen des Voiceover-Chors die Praxen und Politiken des Speicherns. Wie der modernistische Stahlbetonbau des Silos sind auch Stimme und Sprache – wenngleich viel komplexere – Architekturen der Speicherung. „Storage", zitiert eine Stimme, „is carried out for a limited amount of time … to retrieve that which is stored for later use." „Where are we?", fragt eine andere Off-Stimme.

„In between now and later, in between speaking and storing", wird geantwortet. Texttafeln weisen in der auf Französisch – der offiziellen Amtssprache Quebecs – und Englisch verfassten Videoarbeit darauf hin, dass hier andere Sprachen fehlen. Die Sprache der Mohawk-Community etwa wurde gewaltsam von den jetzt herrschenden Sprachen als Ort des Speicherns wie des Aktivierens marginalisiert.

Die Videoaufnahmen und der Chor suchen verschiedene Akteur*innen und Orte der Speicherung auf, demonstrieren und besprechen automatisierte Gesten von Lagertätigkeiten, und protokollieren, wie sich das Sammeln in den Körper einschreibt und dieser selbst zu einem Speicher wird. „Number 17, number 20, 21, …" – eine über *lip syncing* verkörperte, adoleszente Stimme, die eigentlich auf einem YouTube-Kanal jede Sammelheft-Nummer eines zum Comic-Schrein angewachsenen Kinderzimmers ausruft, wird zur taktangebenden Partitur der ganzen Videoarbeit. Gemeinsam mit dem Chor und mit Honeit als Archivarin führt sie durch die Speicherorte, ihre Sammlungen und Akkumulationen, die sich bei genauer Betrachtung als Anhäufungen von Leerstellen und Auslassungen zeigen.

Cunning of thimble.

Cunning cunning.

Place in pets.

Night town.

Night town a glass.

Color mahogany.

Color mahogany center.

Rose is a rose is a rose is a rose.

Loveliness extreme.

Extra gaiters.

Loveliness extreme.

Sweetest ice-cream.

Page ages page ages page ages.

Wiped Wiped wire wire.

Sweeter than peaches and pears and cream.

Wiped wire wiped wire.

Extra extreme.

Put measure treasure.

Measure treasure.

Tables track.

Nursed.

Dough.

That will do.

Cup or cup or.

Excessively illigitimate.

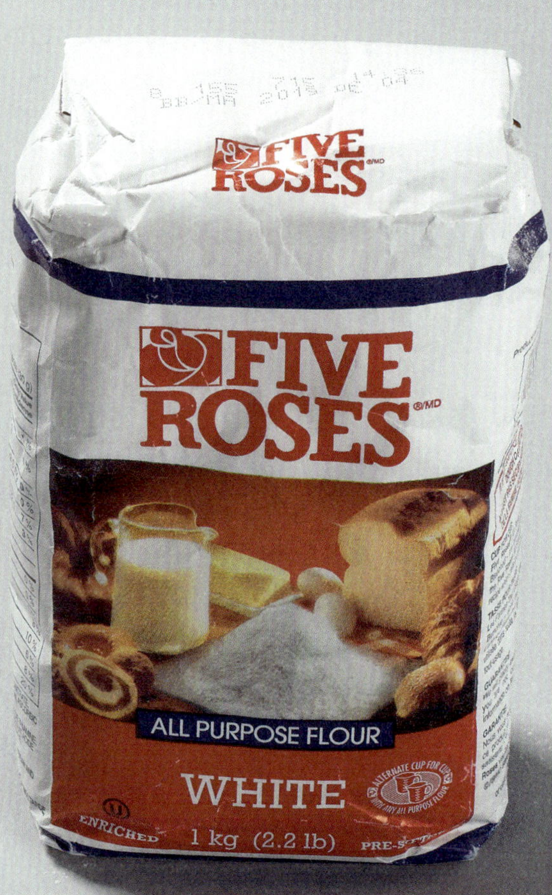

FIVE
ROSES
FIVE
ROSES ®/MD
ALL PURPOSE FLOUR
WHITE
ENRICHED   1 kg (2.2 lb)   PRE-S T

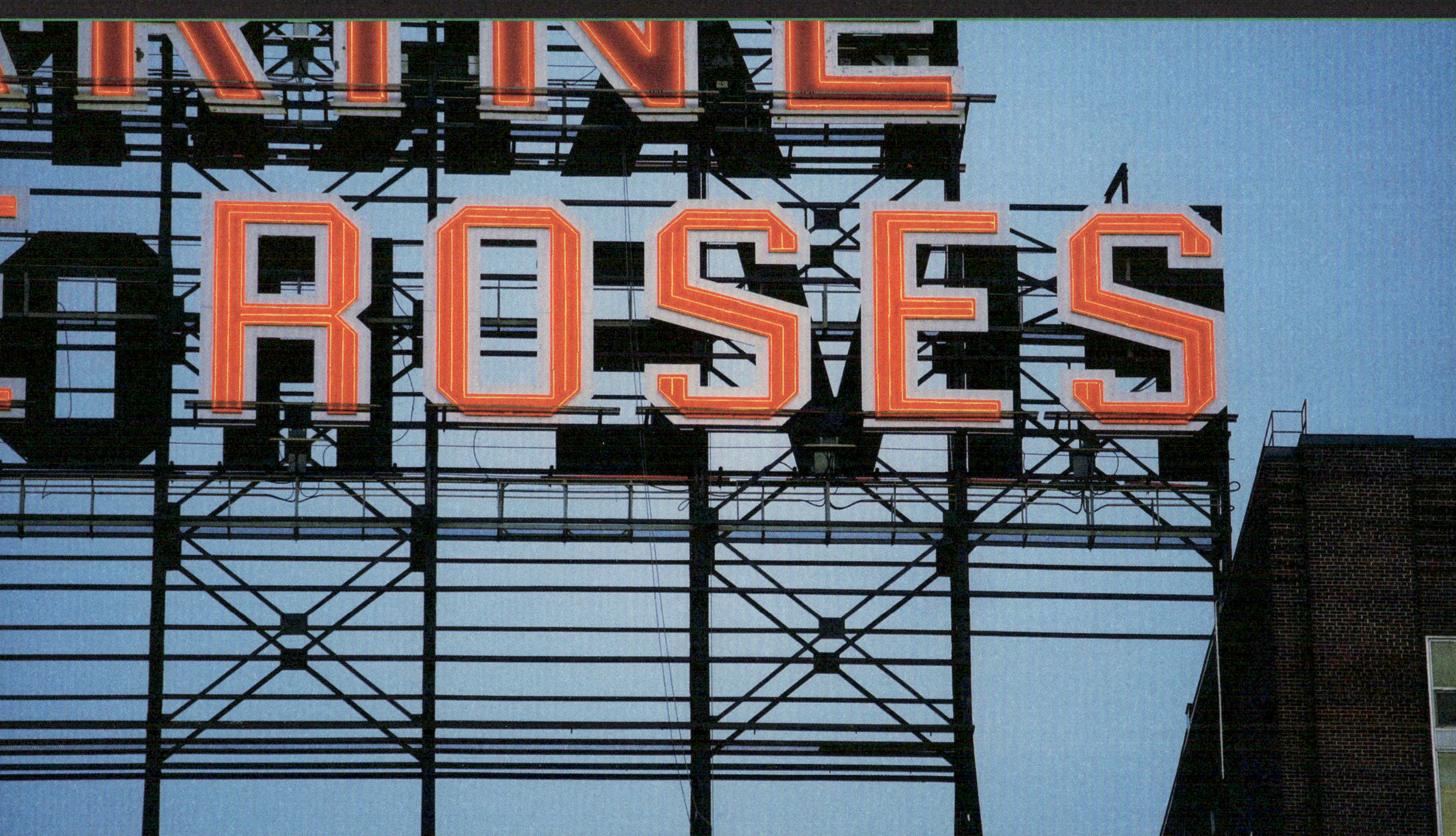
ROSES

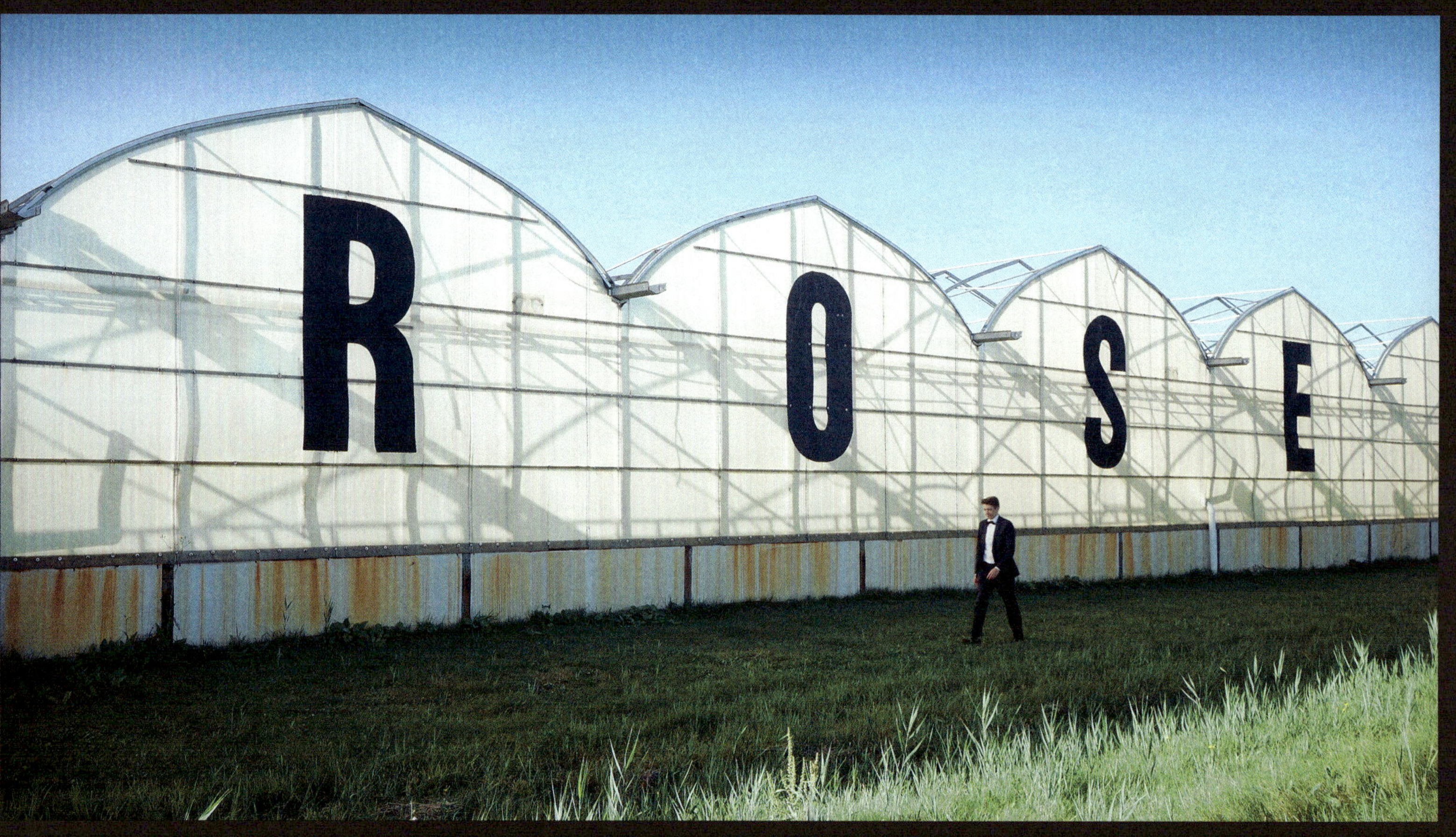

R O S E

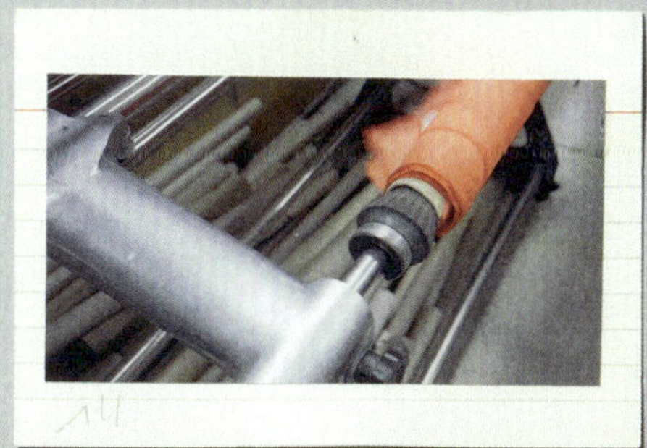
14

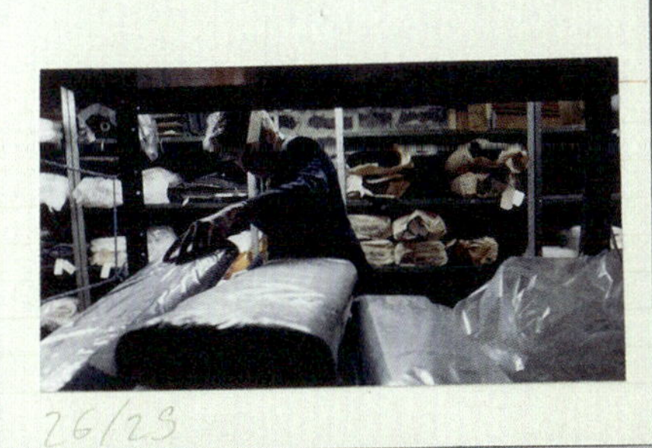
26/29

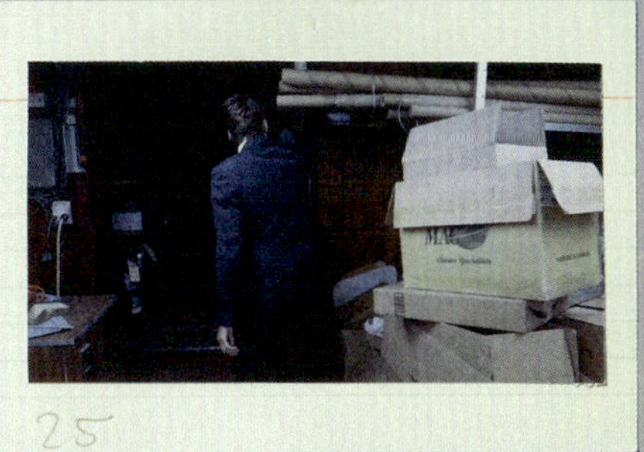
25

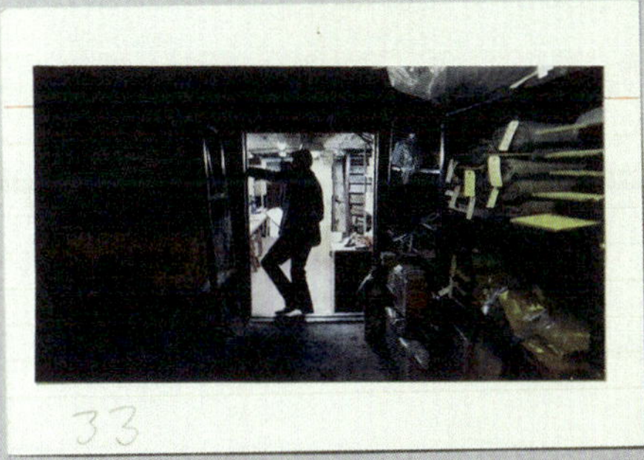
33

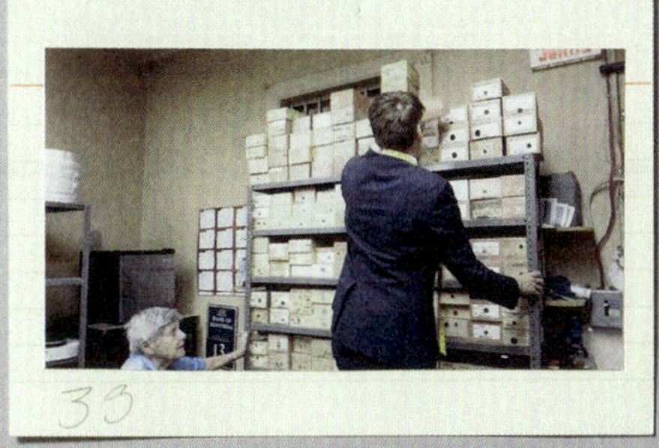
33

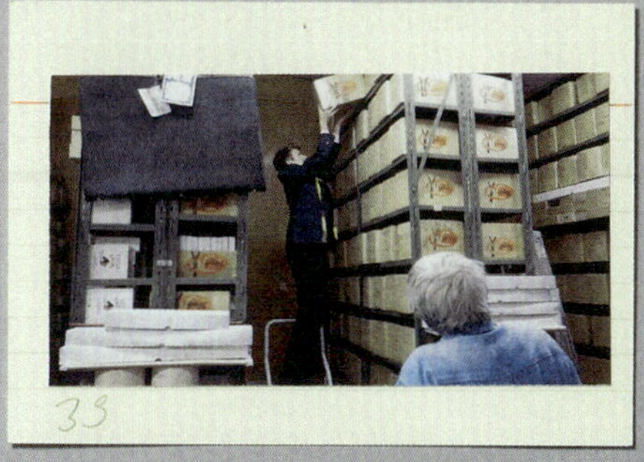
33

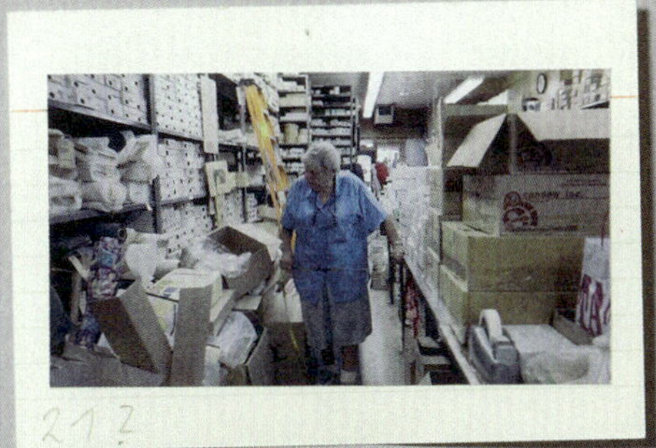
21 ?

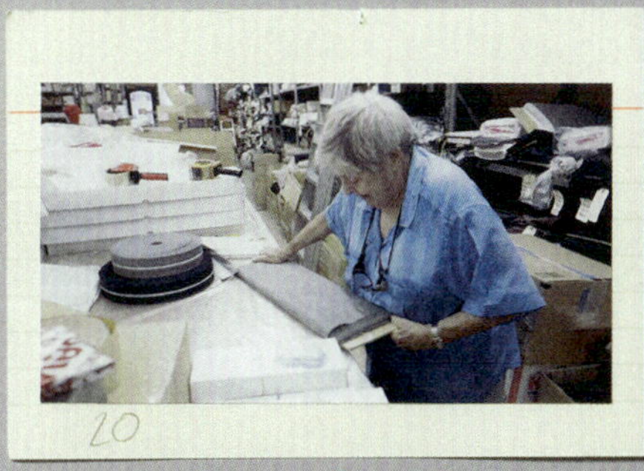
20

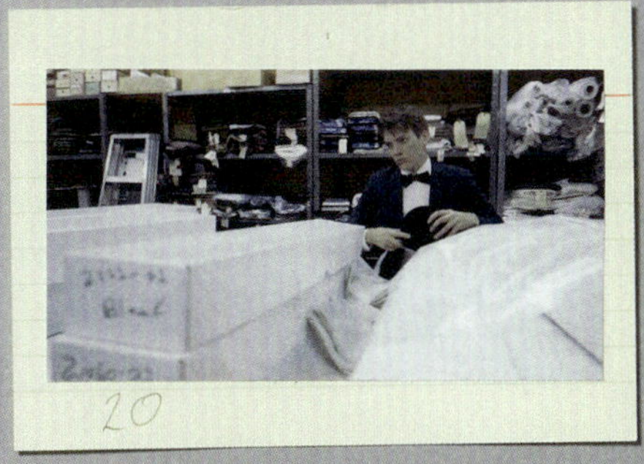
20

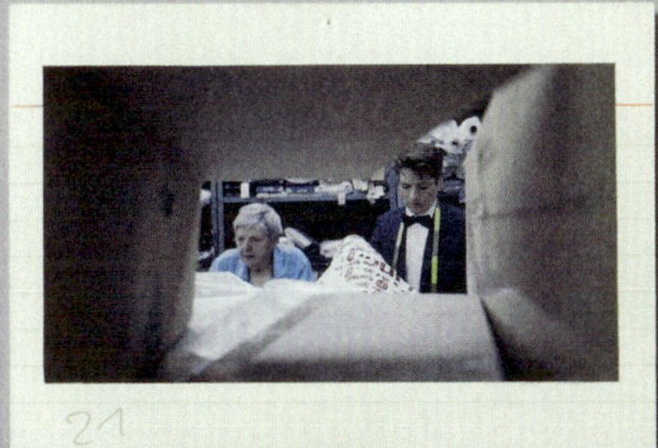
21

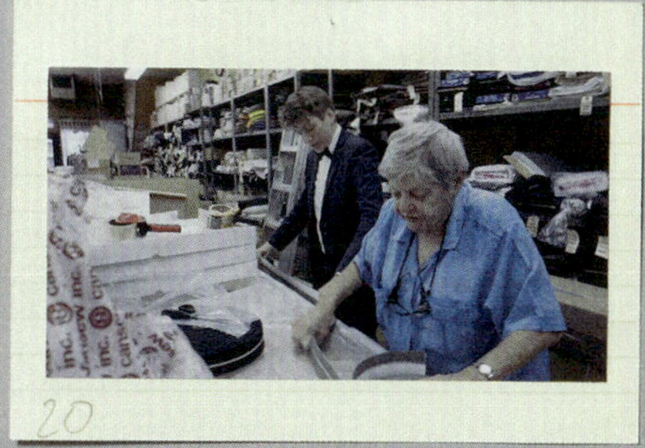
20

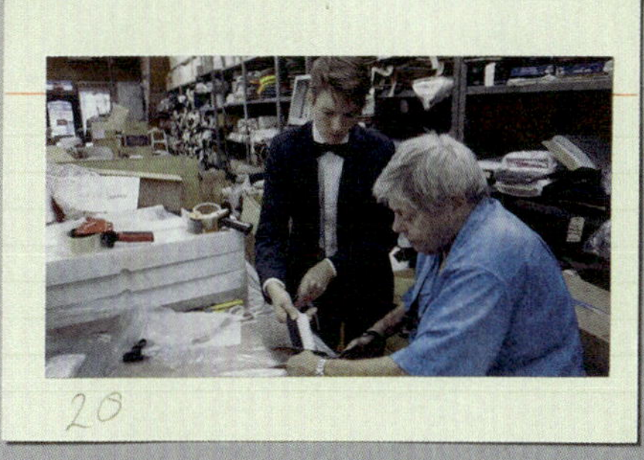
20

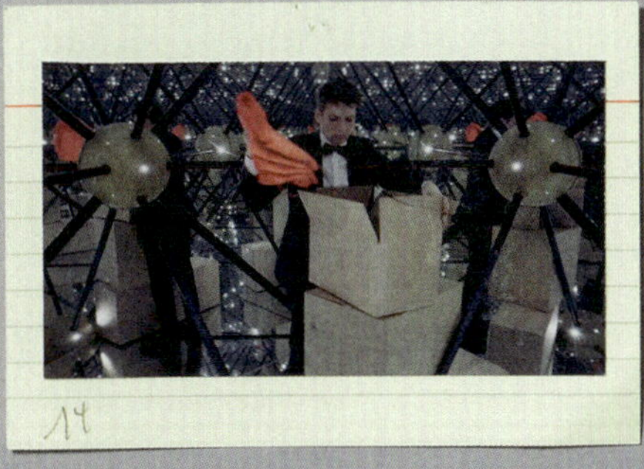
14

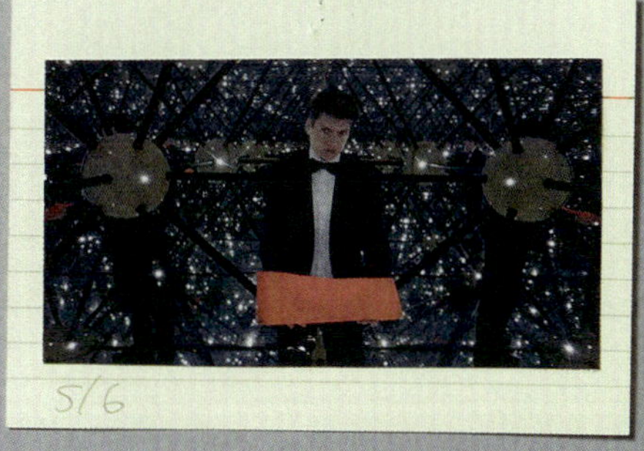
5/6

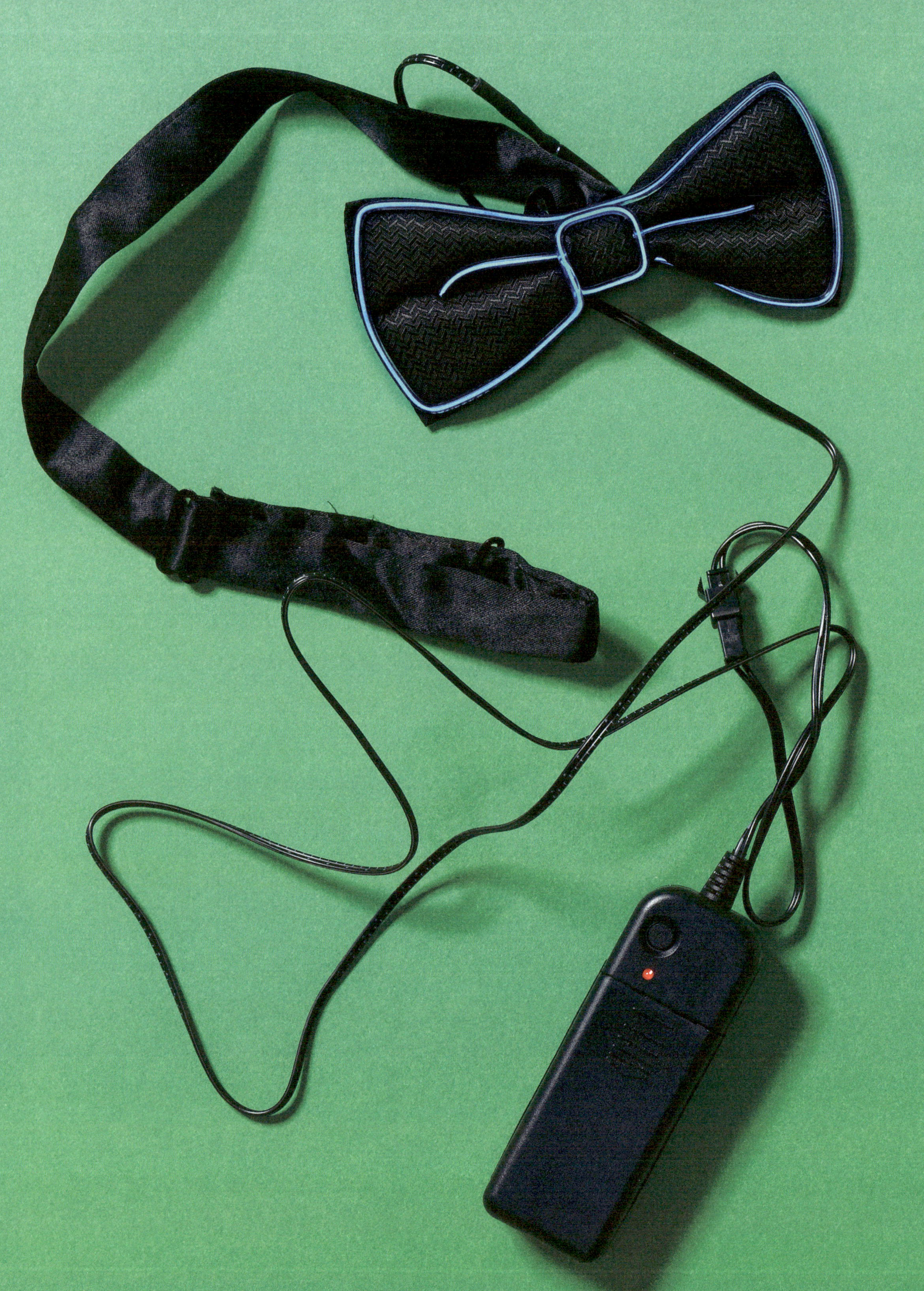

other languages are missing here

Thió:tokte ne ohia nikawennó:tos

Cover — Design: Carsten Eisfeld, Anna Voswinckel
Bilder / Images: *Talking Business* (4 stills),
Kerstin Honeit 2014

S. / pp. 4–5 — *Talking Business* (detail), paper tablecloth
made from copies of newspaper articles,
copies from Ursula Heyer's personal archive,
Kerstin Honeit 2014, photo: Carsten Eisfeld
2021

S. / p. 21 — *Junost Bang* (detail), Junost-TV playing the
Junost Bang video piece, Kerstin Honeit 2007,
photo: Carsten Eisfeld 2022

S. / p. 22 — *Junost Bang* (research), videotape *Dead
Bang – Kurzer Prozess* (1990), Lorimar Film
Entertainment Company, photo: Carsten
Eisfeld 2021

S. / p. 23 — *Junost Bang* (research), portraits of dubbing
collaborators, photos 1+2 (left to right):
Helga Giese, Renate Kano, Ursula Baumgärtel,
Rose-Maria Zaddach; photo 3: presentation of
final edit to members of the senior club in
Berlin-Adlershof (photos: Miriam Pietrusky,
2007), photo: Carsten Eisfeld 2021

S. / pp. 24–25 — *Junost Bang* (4 stills), still 2: Renate Kano and
Ursula Baumgärtel dubbing Don Johnson and
Brad Sullivan; still 3: Renate Kano and
Rose-Maria Zaddach dubbing Don Johnson
and William Forsythe, Kerstin Honeit 2007

S. / p. 37 — *Talking Business* (detail), wigs worn by
Hannelore Honeit re-enacting Ursula Heyer
and Gisela Fritsch, photo: Carsten Eisfeld
2021

S. / pp. 38–39 — *Talking Business* (research), scene cards used
in the editing process of the video piece,
Kerstin Honeit 2014, photo: Carsten Eisfeld
2021

S. / pp. 40–41 — *Talking Business* (4 stills), stills 1+2: Gisela
Fritsch and Ursula Heyer; still 3: Ursula Heyer;
video sequence: René Koch 1986; still 4:
Hannelore Honeit and Kerstin Honeit,
Kerstin Honeit 2014

S. / p. 45 — *ich muss mit ihnen sprechen* (research),
printout from *The Times* online, published on
January 2, 2009 by Adam Sage,
photo: Carsten Eisfeld 2021

S. / pp. 46–47 — *ich muss mit ihnen sprechen* (4 stills), still 1:
Janet Hubert-Whitten in: *The Fresh Prince of
Bel-Air* (1990–1996); still 2: Lillian Yarbo in:
Destry Rides Again (1939); still 3: Patricia
Belcher in: *Jeepers Creepers* (2001); still 4:
L. Scott Caldwell in: *Like Dandelion Dust*
(2009), Kerstin Honeit 2015

S. / pp. 48–49 — *ich muss mit ihnen sprechen* (detail), text cards
with original text of the film excerpts featured
in *ich muss mit ihnen sprechen*, Kerstin Honeit
2015, photo: Carsten Eisfeld 2021

S. / pp. 52–53 — Yasmine Modestine's correspondence with
HALDE, 19 February 2007, photo:
Carsten Eisfeld 2021

S. / p. 54 — Yasmine Modestine's correspondence with
HALDE, 13 April 2007, photo: Carsten Eisfeld
2021

S. / p. 55 — Yasmine Modestine's correspondence with
HALDE, 3 December 2007,
photo: Carsten Eisfeld 2021

S. / p. 56 — Yasmine Modestine's correspondence with
HALDE, 15 January 2008,
photo: Carsten Eisfeld 2021

S. / p. 57 — Press release by HALDE, 29 December 2008,
photo: Carsten Eisfeld 2021

S. / p. 83 — *my castle your castle* (detail), 3 collectors
plates, props that appear in the video piece,
photo: Carsten Eisfeld 2021

S. / p. 84 — *my castle your castle* (detail), cowboy boots,
costume by Emma Cattell, worn by Paul
Hankinson, photo: Carsten Eisfeld 2021

S. / pp. 85–86 — *my castle your castle* (4 stills), still 1:
Peter Friedrich; still 2: Gunter Teichert,
Kerstin Honeit, 2017

S. / p. 87 — *my castle your castle* (research), book
*Der Palast der Republik und seine Erbauer
1973–1976*, published by Aufbauleitung
Sondervorhaben Berlin, Bauakademie der
Deutschen Demokratischen Republik, Berlin
1976, photo: Carsten Eisfeld 2021

S. / p. 88 — *my castle your castle*, Kerstin Honeit 2017, set
photo: Damian Rebgetz, Paul Hankinson,
costumes by Emma Cattell, photo (detail):
Dorothea Tuch 2016

S. / p. 89 — *my castle your castle* (research), book
*Der Palast der Republik und seine Erbauer
1973–1976*, published by Aufbauleitung
Sondervorhaben Berlin, Bauakademie der
Deutschen Demokratischen Republik, Berlin
1976, photo: Carsten Eisfeld 2021

S. / p. 103 — *['zi:lo]5* (research), book *Geography and
Plays – The Works of Gertrude Stein*, excerpt
from the poem 'Sacred Emily' (1903) by
Gertrude Stein, photo: Carsten Eisfeld 2021

S. / p. 104   *['zi:lo]5* (research), bag of flour; Five Roses
                     Flour used to be an Canadian brand of flour
                     originally established and owned by the Lake
                     of the Woods Milling Company in 1888 with
                     its headquarters in Montreal. The building
                     Silo5 used to be also part of the company,
                     photo: Carsten Eisfeld 2021

S. / pp. 105–106   *['zi:lo]5* (2 stills), Kerstin Honeit 2018/2019

S. / p. 107   *['zi:lo]5* (research), scene cards used in the
                     editing process of the video piece, Kerstin
                     Honeit 2019, photo: Carsten Eisfeld 2021

S. / p. 108   *['zi:lo]5* (detail), electric bow-tie, worn by
                     Kerstin Honeit in the video piece, photo:
                     Carsten Eisfeld 2021

S. / p. 109   *['zi:lo]5* (stills), "other languages are missing
                     here" with special thanks for the translation to
                     Margaret Diabo & Melvin Diabo as well as
                     Reaghan Tarbell and the Kanien'kehá:ka
                     Onkwawén:na Raotitióhkwa Language and
                     Culture Center, Quebec

Die Herausgeber*innen danken / The editors would like to thank:

Daniel S. Berger & Iceberg Projects Chicago, Andrea Bellu & Matei Bellu, Victoria Carrasco & PHI Foundation, Emma Cattell, Dela Dabulamanzi, Kerstin Drechsel, Carsten Eisfeld von Eberle & Eisfeld, Christine Fenzl, Simone Hahn & Senatsverwaltung für Kultur und Europa, Jack Halberstam, Nanna Heidenreich, Benjamin Liberatore, Martin Mattheis & Druckhaus Sportflieger, Karolin Meunier, Yasmine Modestine, Jessica Páez, Michaela Richter, Daniel Belasco Rogers, Romy Rüegger, Johanna Schaffer, Marc Siegel, Carla Streckwall & Alexander Govoni – Refrakt, Anna Voswinckel, Michaela Wünsch & b_books

Impressum / Imprint

Kerstin Honeit. Voice Works / Voice Strikes
hg. von / ed. by Kerstin Honeit und / and Fiona McGovern

Autor*innen / Authors: Dela Dabulamanzi, Kerstin Honeit,
Benjamin Liberatore, Yasmine Modestine, Marc Siegel

Verlagsredaktion / Editor of the publishing house: Michaela Wünsch
Übersetzungen / Translation: bellu&bellu (English),
Daniel Belasco Rogers (Deutsch)
Lektorat / Copy editing: Michaela Richter (Deutsch), Emma Cattell (English)
Gestaltung / Graphic Design: Anna Voswinckel
AR-App Abstrakt: Carla Streckwall & Alexander Govoni – Refrakt
Fotos, Bild- und Druckvorlage / Photos, image and printer's copy:
Carsten Eisfeld von / of Eberle & Eisfeld
Druck und Bindung / Printing and Binding:
Druckhaus Sportflieger, Medialis Offsetdruck
Papier / Paper: Circle Offset, Lessebo Design
Schriften / Typefaces: Academica Text, F Grotesk

© 2022 für die Texte bei den Autor*innen / for the texts by the authors
© 2022 für die abgebildeten Werke und Videoausschnitte / for reproduced
works and video excerpts by Kerstin Honeit: VG Bild-Kunst, Bonn

ISBN: 978-3-942214-40-7
b_books Verlag, Berlin · www.bbooks.de

Mit Unterstützung der Senatsverwaltung für Kultur und Europa
Supported by Senate Department of Culture and Europe

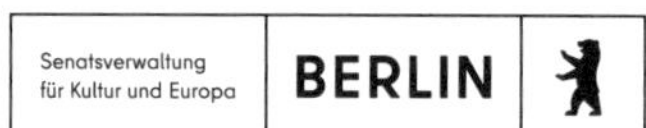